ERNÄHRUNGS-DOC
DR. MED. SILJA SCHÄFER

Mein grünes FAMILIEN KOCHBUCH

Unter Mitarbeit von Inga Pfannebecker

INHALT

Meine grünen Rezepte 44

TAUSCHEN ERLAUBT

Die Mittagessen sind so zusammengestellt, dass man sie fast alle gut mitnehmen kann. Sie liefern meist auch etwas mehr Kohlenhydrate als die Abendessen. Trotzdem können Sie natürlich die Mittagessen-Rezepte am Abend servieren und umgekehrt – ganz so, wie es in Ihren Familienalltag passt.

Liebe Leserinnen und Leser,

als Ernährungsmedizinerin und Mutter liegt mir eine gesunde und ausgewogene Ernährung aller Familienmitglieder am Herzen. Denn Gesundheit ist unser höchstes Gut. Und mittlerweile wissen wir – und können dies auch wissenschaftlich belegen –, wie wichtig eine gute Ernährungsweise in der Wachstumsphase unserer Kinder ist und wie viele Vorteile sie auch für uns selbst hat.

In der heutigen Zeit, in der viele Mütter und Väter berufstätig sind, ist die Zeit oft knapp. Das lässt gute Vorsätze schnell scheitern. Bequeme Alternativen wie Tiefkühlpizzen und Fertiggerichte sind stets verfügbar und verlockende Lösungen, wenn mal wieder schnell etwas auf den Tisch muss. Und Fast-Food-Restaurants gibt es an jeder Ecke. Auf Dauer tut uns das jedoch nicht gut. Deshalb möchte ich Sie dazu ermutigen, sich für das Kochen ganz bewusst Zeit zu nehmen. Es ist machbar und die allerbeste Krankheitsprophylaxe! Denn Essen kann tatsächlich Krankheiten vorbeugen, lindern und sogar heilen. Ich verspreche Ihnen, die Zeit, die Sie in gesunde Ernährung investieren, zahlt sich garantiert aus.

Keine Angst, Sie müssen die Essgewohnheiten Ihrer Familie nicht komplett umkrempeln. Auch mit kleinen Schritten und einfachen Veränderungen können Sie schon viel bewirken. Wenn sich eine neue gesunde Gewohnheit – wie zum Beispiel mehr Rohkost als Snack auf dem Tisch – etabliert hat, können Sie die nächsten Schritte wagen. So werden alle Familienmitglieder von Tag zu Tag fitter und gesünder. Dieses Buch hilft Ihnen mit vielen praktischen Tipps und mehr als 60 alltagstauglichen Rezepten dabei, das im Alltag umzusetzen.

Das Motto meiner Rezepte: Bunt ist Trumpf. Denn eine große Vielfalt an Lebensmitteln erfreut nicht nur das Auge; durch eine bunte Mischung auf dem Teller erhält man auch ein Potpourri aus vielen gesundheitsförderlichen Aktivstoffen. Die stecken vor allem in pflanzlichen Lebensmitteln wie Gemüse, Salat, Kräutern, Obst und Hülsenfrüchten. Meine grüne Familienküche ist daher vor allem, aber nicht ausschließlich, vegetarisch und vegan. Damit sich jedes Familienmitglied wohlfühlt und die individuellen Wünsche Berücksichtigung finden, gibt es viele Varianten und Ideen, wie sich die Rezepte nach den eigenen Vorlieben anpassen lassen.

Neben dem, was auf den Teller kommt, sind auch der Genuss und das Zusammensein wichtige Elemente, um ein gesundes Essverhalten zu vermitteln. Denn was gibt es Schöneres, als wenn sich die ganze Familie um den Esstisch versammelt und alle gemeinsam ein mit Liebe gekochtes Essen genießen? Ich wünsche Ihnen viel Freude dabei.

Ihre S. Schäfer

Gesünder mit Messer und Gabel

Besser-Esser-WISSEN

Gesunde Ernährung muss nicht kompliziert sein! Hier bekommen Sie alltagstaugliche Tipps und Infos, die aktuelles ernährungsmedizinisches Wissen und praktische Erfahrungen vereinen. Lesen Sie zum Beispiel, was besonders oft auf dem Teller landen sollte, wie Kinder zu neugierigen Essern werden, wie Meal Prep und clevere Vorratshaltung dabei helfen, trotz Zeitmangel gut zu essen, und noch viel mehr.

DER RICHTIGE MIX *auf dem Teller*

Eine ausgewogene Ernährung gibt Power für den Alltag, hält Körper und Geist fit und sorgt für gute Laune. Das gilt für die Großen und besonders für die Kleinen, die gesund groß werden sollen.

Wichtig dafür sind Vitamine und Mineralstoffe, sekundäre Pflanzenstoffe und die richtige Mischung an Hauptnährstoffen. Damit Sie mit Ihrer Familie von diesem Power-Mix profitieren können, erfahren Sie hier die grundlegenden Basics: Für die Energieversorgung sind die drei Hauptnährstoffe Eiweiß, Fett und Kohlenhydrate zuständig. Sie werden auch Makronährstoffe genannt und sind der Treibstoff für alle lebensnotwendigen Vorgänge in unserem Körper. Damit sie ihre Aufgaben optimal erfüllen können, kommt es vor allem auf die richtige Auswahl und Zusammensetzung dieser Nährstoffe an.

Eiweiß – der Sattmacher

Eiweiß, auch Protein genannt, liefert neben Energie in erster Linie Baumaterial zum Aufbau und zur Reparatur unserer Körperzellen. Außerdem ist es wichtig, um Speicher-, Transport- und Schutzproteine aufzubauen. Auch für Enzyme und Hormone, die lebensnotwendige Aufgaben im Stoffwechsel erfüllen, und Antikörper, die wesentlich für unser Immunsystem sind, wird es benötigt. Eiweiße sind aus unterschiedlich langen Ketten einzelner Aminosäuren aufgebaut. Davon gibt es 20 verschiedene – neun von ihnen sind essenziell, also lebensnotwendig. Das Eiweiß, das wir mit der Nahrung aufnehmen, wird in körpereigenes Eiweiß umgewandelt. Je ähnlicher das Eiweiß der Lebensmittel unserem Körpereiweiß ist, desto besser kann es verwertet werden. Tierisches Eiweiß, zum Beispiel aus Fleisch, Geflügel, Fisch, Eiern oder Milchprodukten, hat hier einen Vorteil gegenüber pflanzlichem Eiweiß, zum Beispiel aus Hülsenfrüchten, Nüssen oder Vollkorngetreide. Aber: Durch das geschickte Kombinieren pflanzlicher Lebensmittel lässt sich die biologische Wertigkeit (das Maß dafür, wie viel gegessenes Eiweiß in körpereigenes umgewandelt werden kann) von „grünen" Proteinen erhöhen (siehe Seite 14). Die Hälfte aller aufgenommenen Proteine benötigen wir für das Muskelgewebe, ein Viertel für das Bindegewebe und ein weiteres Viertel für die inneren Organe und das Blut. Eiweiß liefert 4 kcal pro Gramm. Es hat einen besonders guten Sättigungseffekt und hält den Blutzuckerspiegel niedrig.

Meine Empfehlung

- → Zu jeder Mahlzeit Eiweiß einbauen.
- → Auch bei Zwischenmahlzeiten an Eiweiß denken, um nicht in einen Heißhungerkreislauf zu gelangen.
- → Setzen Sie möglichst oft auf pflanzliche Eiweißquellen. Denn Hülsenfrüchte, Nüsse und Vollkornprodukte punkten zusätzlich mit Wertvollem wie Ballaststoffen, sekundären Pflanzenstoffen und guten Fetten.
- → Milch, Milchprodukte, Eier und Fisch sind ebenfalls gute Eiweißquellen.
- → Fettreiche Seefische wie Lachs, Hering oder Makrele liefern dazu noch wertvolle Omega-3-Fettsäuren. Deshalb sollte man sie bevorzugen.

→ Wer Fleisch isst, sollte es etwa einmal pro Woche genießen. Fleisch von Weidetieren liefert besonders hochwertiges Eiweiß. Deshalb lohnt sich hier der finanzielle Mehraufwand.
→ Bei Fleischprodukten wie Wurst gilt: je seltener, desto besser. Sie enthalten viele gesättigte Fette und schädliche Zusatzstoffe wie Pökelsalze und Nitrat. Zu viel davon kann das Risiko für Herz-Kreislauf- und Krebserkrankungen erhöhen.

Fett – besser als sein Ruf

Mit fast doppelt so vielen Kalorien wie Kohlenhydrate und Eiweiß – etwa 9 kcal pro Gramm – ist Fett ein effektiver Energielieferant. Zudem unterstützt es die Aufnahme von fettlöslichen Vitaminen, dient den Körperzellen als Baustoff, Wärmeschutz und Polster und speichert in Form von Körperfett Energie, die nicht direkt gebraucht wird. Fette sind Geschmacksträger, binden Aromastoffe und sorgen für ein gutes Sättigungsgefühl. Es gibt unterschiedliche Arten von Nahrungsfett:

GESÄTTIGTE FETTE sind nicht essenziell, da sie vom Körper selbst hergestellt werden können. Sie sind bei Raumtemperatur fest und stecken in tierischen Lebensmitteln wie Fleisch, Wurst oder Butter, tropischen Ölen wie Palmkernfett sowie in industriell verarbeiteten Nahrungsmitteln. Nehmen wir zu viele gesättigte Fettsäuren zu uns, kann das zahlreiche Krankheiten mitverursachen.

EINFACH UNGESÄTTIGTE FETTE sind bei Raumtemperatur flüssig und ebenfalls nicht lebensnotwendig, da der Körper sie selbst herstellen kann. Diese Fettsäuren kommen vor allem in Pflanzenölen wie Olivenöl vor und können sich positiv auf unsere Gesundheit auswirken: Sie halten den Fettstoffwechsel in Balance und reduzieren Mikroentzündungen.

Ungesättigte Fettsäuren aus pflanzlichen Lebensmitteln wie Nüssen, Samen oder Avocado tun gut.

MEHRFACH UNGESÄTTIGTE FETTE sind bei Raumtemperatur flüssig sowie hitze- und lichtempfindlich. Sie kommen in Ölen, Nüssen, Samen, Kernen und Avocados vor, ebenso in fettreichen Seefischen, Algen und teilweise auch in Fleisch und Milchprodukten. Sie werden auch essenzielle Fettsäuren genannt, weil unser Körper sie nicht selbst herstellen kann. Vor allem Omega-3- und Omega-6-Fettsäuren sind für unsere Gesundheit von entscheidender Bedeutung. Idealerweise sollten wir sie im Verhältnis von etwa 1:2,5 zu uns nehmen. Erhöht sich im Verhältnis der Anteil der Omega-6-Fettsäuren, zum Beispiel durch die Verwendung von Sonnenblumen- oder Distelöl, kann das Entzündungen fördern. Die wertvollen antientzündlichen Omega-3-Fettsäuren stammen aus pflanzlichen Quellen wie Leinsamen und -öl, Walnüssen und Chiasamen sowie marinen Quellen wie Fisch, Fischöl, Algen und Algenöl. Sie sind äußerst wichtig für die Hirnentwicklung bei Kindern und Jugendlichen in der Pubertät und unterstützen die Ausbildung der Feinmotorik. Sie können auch die soziale Entwicklung positiv beeinflussen und haben eine lindernde Wirkung bei Verhaltensauffälligkeiten wie ADS und ADHS.

TRANSFETTE entstehen vor allem bei der Herstellung von industriell stark verarbeiteten Lebensmitteln wie Fertiggerichten, Backwaren, Chips und Co., sie stecken aber auch in manchen Margarinesorten. In Zutatenlisten sind sie als „gehärtete Fette" oder „teilweise gehärtete Fette" zu erkennen. Diese Fette dürfen Sie getrost links liegen lassen. Sie können übrigens auch in der eigenen Küche entstehen, wenn die ungesättigten Fettsäuren von Pflanzenölen etwa beim Braten oder Frittieren zu stark erhitzt werden.

Meine Empfehlung

→ Setzen Sie vor allem auf pflanzliche Fette sowie mehrfach ungesättigte Fette und schränken Sie dafür den Verzehr von tierischen, gesättigten Fetten und Transfetten ein. Ein guter Schritt in diese Richtung: Fertigprodukte, fertige Backwaren und Snackprodukte wie Chips meiden und möglichst oft selbst kochen. Dabei Oliven- und Rapsöl, Butterschmalz oder natives Kokosöl verwenden, für die kalte Küche zusätzlich Leinöl und Nussöle.

→ Greifen Sie bei tierischen Produkten wie Butter, Käse, Milch und Fleisch möglichst zu Bio-Ware oder Produkten von Tieren aus Weidehaltung. Diese weisen ein günstigeres Fettsäuremuster auf.

→ Bringen Sie ein- bis zweimal pro Woche fetten Seefisch wie Lachs auf den Tisch.

→ Und regelmäßig Nüsse, Kerne, Samen, Oliven oder auch mal Avocado essen.

Kohlenhydrate – die Länge macht's

Eine Ernährung mit weniger Kohlenhydraten ist im Trend. Für alle, die nicht abnehmen wollen, kommt es aber weniger auf die absolute Menge, als vielmehr auf die Qualität der Kohlenhydrate an. Denn es gibt verschiedene Arten, die in ihrer Wirkung auf unsere Gesundheit unterschiedlicher nicht sein könnten. Kohlenhydrate unterteilen sich in Einfach-, Zweifach- und Mehrfachzucker, pro Gramm liefern sie etwa 4 kcal an Energie.

EINFACH- UND ZWEIFACHZUCKER wie Traubenzucker, Haushaltszucker und Fruchtzucker müssen bei der Verdauung nicht bzw. kaum gespalten werden und gelangen so rasch vom Darm in den Blutkreislauf. Die Folge: Der Blutzuckerspiegel steigt rasant an. Das bewirkt eine Ausschüttung des Hormons Insulin, das wichtig für den Transport des Zuckers in die Körperzellen ist. Daraufhin sinkt der Blutzuckerspiegel genauso schnell wieder ab, wie er angestiegen ist. Ein Alarmsignal für unseren Körper: „Achtung, Energie wird knapp!" Wir bekommen Heißhunger und verlangen nach schneller Energie, was uns zu noch mehr Lebensmitteln mit schnellen Kohlenhydraten greifen lässt. Das ist umso problematischer, je weniger wir uns bewegen. Es entsteht ein Teufelskreis, der auf Dauer dick machen kann. Die Folgen können ständig erhöhte Blutzuckerwerte sein, die zu Vorstufen von Diabetes und schließlich zu Diabetes Typ 2 sowie Leberschäden führen. Das fördert eine Gewichtszunahme vor allem im Bauchbereich, was schädliche Entzündungen im ganzen Körper begünstigt.

MEHRFACHZUCKER wie Ballaststoffe und Stärke bestehen aus längeren Kohlenhydratketten, die der Körper bei der Verdauung erst aufspalten muss. Sie stecken vor allem in Vollkorngetreide und -produkten, Hülsenfrüchten, Kartoffeln, Gemüse, Salat und Obst. Sie werden auch langsame Kohlenhydrate genannt, weil sie im Gegensatz zu den schnellen kurzkettigen Kohlenhydraten ihre Energie nur langsam freigeben. Deshalb sättigen sie besser, halten den Blutzuckerspiegel stabil und verhindern starke Insulinausschüttungen und Heißhunger. Ballaststoffe sind – obwohl ihr Name das

Kartoffeln sind mit langsamen Kohlenhydraten und reichlich Ballaststoffen echte Sattmacher.

zunächst vermuten lässt – alles andere als Ballast. Vielmehr haben diese unverdaulichen Stoffe viele positive Effekte auf den Körper. Sie verleihen Speisen ein hohes Volumen, liefern aber keine verwertbaren Kalorien. Das hilft dabei, ohne Hungern in Form zu bleiben. Ballaststoffe bringen außerdem die Verdauung auf Trab und sind bestes Futter für gute Darmbakterien. Das fördert ein gesundes Mikrobiom, das außerordentlich wichtig für unsere Gesundheit, unser Wohlbefinden und auch für unsere gute Laune ist. Ein besonderer Ballaststoff ist die resistente Stärke. Sie entsteht, wenn man stärkehaltige Lebensmittel wie Nudeln, Kartoffeln oder Reis nach dem Garen mindestens zwölf Stunden abkühlen lässt. Resistente Stärke verbessert unser Mikrobiom und senkt den Kaloriengehalt der Lebensmittel: ideal zum Abnehmen. Selbst durch erneutes Erhitzen wird die resistente Stärke nicht zerstört. Deshalb der Tipp: Gerne öfter Nudeln und Kartoffeln vorkochen, abkühlen lassen und dann als Salat oder Auflauf zubereiten.

Meine Empfehlung

- Entscheiden Sie sich so oft wie möglich für die Vollkornvariante von Getreideprodukten, essen Sie mindestens drei Portionen Gemüse am Tag, bringen Sie häufig Hülsenfrüchte auf den Tisch und genießen Sie Kartoffeln, Nudeln und Reis häufiger abgekühlt oder wieder aufgewärmt. So bleiben Sie lange satt, halten den Blutzucker in Balance und sichern sich die positiven Effekte der Ballaststoffe.
- Raffinierten Zucker und andere Süßungsmittel wie Honig, Ahornsirup und Co., zuckerreiche Getränke, Süßigkeiten, süßes Gebäck, Desserts sowie reine Weißmehlprodukte sollten Sie dagegen möglichst selten wählen.

WIE GROSS IST EINE PORTION?

Das lässt sich im Alltag gut mit der Hand abmessen: Kleine Kinder haben kleine Hände (entspricht einer Kinderportion), bei größeren passt mehr rein und bei Erwachsenen noch mehr (ergibt eine Erwachsenenportion). Bei Gemüse oder Salatblättern dürfen es pro Portion zwei Handvoll sein. Eine Brotscheibe sollte so groß sein wie die Handfläche. Fleisch, Fisch und dünn geschnittene Wurst oder Käse dürfen den Handteller bedecken. Höchstens daumengroße Portionen sollten es bei Fett wie Butter oder Öl sein – und bei Süßigkeiten.

Eat the Rainbow

BUNT IST GESUND

Je farbenfroher es auf dem Teller zugeht, desto besser für die Gesundheit. Denn Gemüse in allen Farben des Regenbogens liefert jede Menge wertvolle Nährstoffe.

Egal, zu welcher Gemüsesorte Sie greifen – hier können Sie nichts falsch machen! Denn keine andere Lebensmittelgruppe ist so vollgepackt mit Wertvollem wie Gemüse. Es versorgt uns mit einer ganzen Batterie an Nährstoffen wie Vitaminen, Mineralstoffen und Spurenelementen. Dazu hat es kaum Kalorien, aber einen hohen Ballaststoff- und Wassergehalt. Das bringt viel Volumen auf den Teller und macht auf leichte Art satt. Die Ballaststoffe liefern dazu den guten Darmbakterien jede Menge Futter und fördern so die Darmtätigkeit. Besondere Superkräfte hat Gemüse aber vor allem durch seine sekundären Pflanzenstoffe. Dazu gehören Polyphenole, Carotinoide, Phytoöstrogene oder Glucosinolate. Man vermutet, dass in unserer Nahrung 5000 bis 10000 verschiedene sekundäre Pflanzenstoffe stecken – und wahrscheinlich hat man viele noch gar nicht entdeckt. Den Pflanzen dienen diese Stoffe zur Abwehr von Schädlingen oder zum Anlocken von Insekten. Im menschlichen Organismus haben sie viele gesundheitsfördernde Effekte, beispielsweise schützen sie unsere Körperzellen, indem sie freie Radikale mit ihrer anti-

GRÜN

Grünkohl, Spinat, Mangold oder auch Blattsalate sind besonders reich an Nähr- und Vitalstoffen und arm an Kohlenhydraten. Sie sollten daher möglichst oft auf den Tisch kommen. Die Faustregel: je dunkler die Blätter und je herber der Geschmack, desto höher der Vitalstoffanteil. Der grüne Farbstoff Chlorophyll kann freie Radikale abfangen und wirkt belebend. Besonders die herben Sorten enthalten Bitterstoffe, die der Verdauung guttun, den Stoffwechsel ankurbeln und so entgiftend wirken und als natürliche Appetitbremse fungieren. Besonders wertvoll sind Kräuter und Wildkräuter: Giersch, Löwenzahn oder Brennnessel punkten als Vitamin- und Nährstoffbomben. Mein Tipp: Nutzen Sie eine Wildkräuterführung als Familienausflug – das macht Spaß und jeder lernt etwas dabei!

ROT

Gemüse wie Tomaten und rote Paprika liefern viel Vitamin C und Carotinoide wie Lykopin. Allein schon die Farbe Rot auf dem Teller lässt sofort gute Laune aufkommen. Aus psycho-

oxidativen Wirkung unschädlich machen. Sie sind vermutlich dafür verantwortlich, dass eine gemüsereiche Ernährung das Risiko für Herz-Kreislauf-Erkrankungen, Krebs, Übergewicht und Adipositas mindern kann.

Aller guten Dinge sind drei

Um die gesundheitsfördernde Wirkung dieser Stoffe zu nutzen, sollten Sie möglichst täglich mindestens drei Portionen Gemüse essen. Eine Portion entspricht dabei einer Handvoll (siehe Seite 11). Dabei gilt als Faustregel: immer wieder für Abwechslung sorgen und möglichst bunt essen. Denn jede Gemüsesorte enthält ihre eigenen gesunden Inhaltsstoffe. Auch bei der Zubereitung sollte man variieren: Manche Stoffe wie Vitamin C sind in rohem Gemüse besonders reichlich enthalten, werden beim Kochen aber stark abgebaut. Hier lohnt sich das Knabbern von Rohkost. Bei anderen Wirkstoffen, wie Lykopin aus Tomaten, verbessert das Garen sogar die Aufnahme.

UND WAS IST MIT OBST?

Wie Gemüse sind auch Früchte reich an Vitaminen, Mineral- und sekundären Pflanzenstoffen. Wer viel Obst isst, kann jedoch Verdauungsprobleme wie Bauchweh und Durchfall bekommen. Denn nicht jeder verträgt den im Obst enthaltenen Fruchtzucker gut. Wer abnehmen möchte oder Probleme mit dem Blutzucker hat, sollte bei maximal zwei Portionen Obst täglich – idealerweise als Nachtisch zu einer Mahlzeit und nicht zwischendurch – bleiben. Mein Tipp: Obst möglichst in seiner natürlichen Form genießen. Dann bremsen Ballast- und Faserstoffe den Anstieg des Blutzuckerspiegels. Ein No-Go sind dagegen Fruchtzuckerbomben wie Smoothies oder Fruchtsäfte.

logischen Gründen sollten Sie zum Essen immer etwas Rotes mit servieren.

VIOLETT

Rotkohl, rote Zwiebeln, Rote Bete, Auberginen und andere lilafarbene Gemüsesorten sind besonders gute Lieferanten für Anthocyane. Diese sekundären Pflanzenstoffe wehren freie Radikale ab, schützen so unsere Zellen und halten uns jung. Sie senken außerdem den Cholesterinspiegel und damit das Risiko für Herz-Kreislauf-Erkrankungen.

GELBORANGE

Möhren, Kürbis, Süßkartoffeln oder bunte Paprika sind absolut spitze in Sachen Beta-Carotin. Daraus wird Vitamin A gebildet, welches als Antioxidans unsere Sehkraft stärkt und die Haut strahlen lässt.

WEISS BIS HELLGRÜN

Zwiebeln, Knoblauch und Co. punkten mit Schwefelverbindungen, die antibakteriell und antientzündlich wirken. So beugen sie viralen und bakteriellen Infekten wie Erkältungen oder Grippe vor.

LIEBER VEGGIE?

Darauf kommt es an

Sie möchten Ihre Familie vorwiegend oder nur pflanzlich ernähren? Kein Problem! Wichtig ist, dass Sie eine möglichst bunte Vielfalt auf den Tisch bringen – und ein paar Gesundheitstipps und Regeln beachten.

Immer oder immer häufiger vegetarisch zu essen, liegt im Trend. Allerdings stellen sich viele Eltern die Frage: Wie sieht es dann mit der Nährstoffversorgung aus? Gut, lautet die Antwort, denn viele Studien zeigen, dass Vegetarier meist sogar besser essen als der durchschnittliche Fleischkonsument: Sie nehmen weniger ungesunde Fette, aber mehr wertvolle Ballast- und Bioaktivstoffe zu sich. Allerdings reicht es nicht, Fleisch und Fisch einfach nur wegzulassen und sich keine Gedanken zu machen, wie man an die fehlenden Nährstoffe kommt. Sonst wird man schnell zum „Pudding-Vegetarier". So werden leicht spöttisch diejenigen genannt, die sich fleischlos, aber nicht besonders gesund ernähren. Im Prinzip unterscheiden sich die Ernährungsempfehlungen für Vegetarier nicht wesentlich von denen für Allesesser. Denn mehr Vollkorngetreide, Gemüse, Hülsenfrüchte und pflanzliches Fett tun allen gut. Da tierische Eiweißquellen ganz oder teilweise wegfallen, kommt es bei einer vorwiegend pflanzlichen Ernährung aber umso mehr auf eine ausgewogene Zusammenstellung der Mahlzeiten an.

So bekommen Sie die volle Pflanzenpower

→ Setzen Sie auf Vollkorngetreide und Hülsenfrüchte, die mit reichlich pflanzlichem Eiweiß, dem Mineralstoff Zink, B-Vitaminen und Ballaststoffen punkten. Hülsenfrüchte wie Linsen, Bohnen, Kichererbsen oder Erbsen, aber auch Produkte daraus wie beispielsweise Tofu liefern viel pflanzliches Eiweiß.

→ Eiweiß aus pflanzlichen Nahrungsmitteln ist für unseren Körper schlechter verwertbar als tierisches Eiweiß. Wird es jedoch geschickt kombiniert, erhöht sich die biologische Wertigkeit des Pflanzeneiweißes und ist es genauso wertvoll wie das berühmte „kleine Steak". Echte Power-Kombis sind Kartoffeln mit Ei oder Kartoffeln mit Milchprodukten (z.B. Kartoffelbrei), Getreide mit Milchprodukten (z.B. Müsli oder Porridge) oder die vegane Kombination aus Getreide mit Hülsenfrüchten (z.B. Gemüsepfanne mit Quinoa) und/oder Nüssen.

→ Nüsse, Saaten, Kerne und pflanzliche Öle liefern gesunde Fettsäuren. Besonders empfehlenswert sind natives Olivenöl (extra nativ) und Leinöl.

→ Damit Mineralstoffe nicht zu kurz kommen, empfiehlt es sich, Jodsalz zu verwenden und regelmäßig Milchprodukte auf den Tisch zu bringen, um die Kalziumversorgung zu sichern. Dieser Mineralstoff ist für Kinder im Wachstum von besonderer Bedeutung. Kalzium steckt auch in grünen Gemüsesorten wie Brokkoli sowie in Kräutern und Saaten. Wer vollständig auf Milchprodukte verzichtet, sollte außerdem auf kalziumreiches Mineralwasser (mehr als 150 mg/l Kalzium) setzen.

→ Für die Eisenversorgung sind Produkte aus Vollkorngetreide, grünes Blattgemüse (auch Spinat!), Rote Bete oder Sesam eine gute Quelle. Ein Trick, damit der Darm pflanzliches Eisen besser verwerten kann: Kombinieren Sie es mit Vitamin-C-reichen Lebensmitteln, indem Sie beispielsweise ein paar Beeren zum Vollkornmüsli geben oder Paprikagemüse zum Getreidebratling servieren. Auch Obst als einfacher Vitamin-C-haltiger Nachtisch ist eine gute Möglichkeit, um die Eisenaufnahme zu verbessern.

→ Zink ist wichtig für das Wachstum und das Immunsystem. Durch den regelmäßigen Verzehr von Nüssen, Kernen, Hülsenfrüchten und Eiern sind auch Vegetarier (und Veganer) bestens mit dem Mineralstoff versorgt.

→ Sojaprodukte sind eine wichtige pflanzliche Eiweißquelle. Auf Dauer mehrmals täglich Sojaprodukte zu essen, ist für Kinder jedoch nicht empfehlenswert. Sojaprodukte enthalten natürliche Pflanzenhormone, die den Hormonhaushalt von Kindern durcheinanderbringen können. Ein- oder zweimal Tofu in der Woche, ab und zu ein Sojapudding oder ein ungesüßter Sojadrink sind dagegen kein Problem. Wenn Ihr Kind auf Milch und Milchprodukte verzichten will oder muss, verwenden Sie besser andere pflanzliche Kuhmilchalternativen auf Mandel-, Reis-, Kokos-, Hafer-, Erbsen- oder Lupinenbasis.

→ Vegetarische und vegane Fertigprodukte wie Veggie-Schnitzel oder -Würstchen sind in immer größerer Vielfalt erhältlich. Nicht alle sind empfehlenswert, denn oft enthalten sie viel Unerwünschtes wie Salz, Zucker, Zusatzstoffe, Aromen, gesättigte oder gehärtete Fette. Hier lohnt es sich, die Etiketten zu studieren und auf möglichst kurze Zutatenlisten zu achten.

Im Mix mit Vitamin-C-reichem Obst kann das Eisen aus Getreide besser aufgenommen werden.

VEGGIE FÜR KIDS – (K)EIN PROBLEM?

Wenn die Ernährung ausgewogen zusammengestellt ist, tut auch Kindern Veggie-Kost gut. Vor allem in Phasen mit großen Veränderungen, also im Kleinkindalter und später in der Pubertät, ist ein guter Mix auf dem Teller wichtig. Weil der Körper in diesen Zeiten schnell wächst, ist er auf eine gute Nährstoffversorgung für eine optimale körperliche und geistige Entwicklung besonders dringend angewiesen. Bei Vollzeit-Veggie-Kids ist es sinnvoll, den Eisen- und Vitamin-B_{12}-Status regelmäßig checken zu lassen. Wichtig: Damit eine rein vegane Ernährung Kinder gut versorgt, ist fundiertes Ernährungswissen erforderlich. Hierzu sollten Sie sich möglichst von einer qualifizierten Ernährungsfachkraft beraten lassen.

So werden Kinder

GEMÜSEFANS

Haben Sie einen Grünzeug-Verweigerer am Tisch sitzen? Oder eine Erbsenzählerin, die geduldig jedes noch so kleine Stück Gemüse aus dem Essen pickt? Mit diesen Tipps kann es gelingen, den Appetit auf Gemüse zu wecken.

Brokkoli, Spinat und Co. stehen bei vielen Kindern nicht weit oben auf der Beliebtheitsskala. Ein Grund dafür ist der oft etwas herbe Geschmack der Gemüse, den Kinder mit ihrem noch feinen Geschmackssinn stärker wahrnehmen als Erwachsene. Da Gemüse aber zu den gesündesten Lebensmitteln gehört und mit einer Batterie an Vitaminen, Mineral-, Ballast- und Bioaktivstoffen wichtig ist für eine gesunde Entwicklung und ein gutes Immunsystem, lohnt es sich, es Kindern schmackhaft zu machen.

Steter Tropfen höhlt den Stein

Geben Sie nicht zu schnell auf: Studien zeigen, dass Kinder ein Lebensmittel oft bis zu 15-mal probieren müssen, bis es ihnen schmeckt. Wissenschaftlich spricht man vom „Mere-Exposure-Effekt". Denn Kinder sind konservativ und misstrauisch gegenüber allem, was sie nicht kennen. Gegen diesen Urinstinkt, der unsere Vorfahren vor giftigen Pflanzen schützen sollte, hilft nur Probieren, um den Geschmackssinn weiterzuentwickeln. Manchmal dauert es Jahre, bis diese Strategie aufgeht. Aber es lohnt sich, am Ball zu bleiben! Fangen Sie schon möglichst früh an. Im Alter bis zu drei Jahren sind Kinder oft noch aufgeschlossener als im Kindergarten- und Schulalter, wenn Freunde etwas „bäh" finden. Gut zu wissen: Schon im Mutterleib wird der Geschmack des Kindes geprägt. Etwa ab dem sechsten Schwangerschaftsmonat entwickeln Babys bereits ihren Geschmackssinn. Die verschiedenen Aromen dessen, was die Mutter isst, kommen über das Fruchtwasser beim Ungeborenen an und beeinflussen seinen Geschmack. Beim Stillen geht die Geschmacksprägung weiter: Alles, was die Mutter zu sich nimmt, findet sich in der Muttermilch wieder. Deshalb hat die Ernährungsweise in Schwangerschaft und Stillzeit einen großen Einfluss auf das Essverhalten des heranwachsenden Kindes. Je abwechslungsreicher sich die Mutter ernährt, desto wahrscheinlicher ist es, dass das Kind genauso aufgeschlossen beim Essen ist. Auch in der Beikostzeit, wenn Babys mit fester Nahrung beginnen, sollte man möglichst viele verschiedene Gemüsesorten anbieten und so den Geschmackshorizont erweitern.

Probieren geht über Studieren

Machen Sie den Probierlöffel zur Regel. Das heißt: Was auf den Tisch kommt, wird probiert. Wer es nicht mag, muss es nicht essen, beim nächsten Mal aber wieder probieren. So gewöhnen sich Kinder an neue oder ungeliebte Lebensmittel. Ihr Geschmack ändert sich im Laufe der Zeit. Wer nach dem ersten „Mag ich nicht!" aufgibt, nimmt seinem Kind die Chance, Neues zu entdecken.

Vorleben

Ein nicht zu unterschätzender Aspekt ist Ihr eigenes Essverhalten. Kinder orientieren sich an ihren Eltern und registrieren ganz genau, wenn diese zwar Gemüse anpreisen, selbst aber nicht zulangen. Auch fatal: Wenn ein Elternteil oder ältere Geschwister abwertend über bestimmte Lebensmittel sprechen und etwa Salat als „Hasenfutter" bezeichnen. Das macht die Kids misstrauisch und voreingenommen. Also besser das, was Sie Ihrem Kind an Ratschlägen mitgeben, auch vorleben und auf negative Kommentare verzichten.

Immer wieder anders

Sorgen Sie für Abwechslung – nicht nur bei den Gemüsesorten, sondern auch bei der Zubereitung. Viele Kinder mögen Gemüse roh zum Knabbern lieber als gekocht. Auch leicht knuspriges Ofengemüse kommt oft besser an als gekochtes oder gedünstetes Gemüse. Fragen Sie nach, wenn Ihr Kind ein Gemüse ablehnt: „Warum magst du es nicht?" Oft ist nämlich gar nicht der Geschmack, sondern die Konsistenz der Haken. Erfahrungsgemäß sind süßliche Sorten wie Kürbis, Pastinaken, Süßkartoffeln, Erbsen, Cocktailtomaten oder Mais bei Kindern beliebter als herbe Sorten wie Kohl oder Spinat.

Selbst anpacken

Lassen Sie Ihr Kind mithelfen, Möhren zu raspeln, Tomaten zu vierteln oder Paprikastreifen zu schneiden. Was man selbst gemacht hat, isst man eher. Oder lassen Sie Ihr Kind beim Einkaufen entscheiden, welches Gemüse im Einkaufswagen landet. Vielleicht eins in seiner Lieblingsfarbe?

Belohnung

Schwierige Esser können Sie eventuell mit einer kleinen Prämie zum Probieren von Gemüse animieren. Wer sich traut, etwas Neues zu probieren, bekommt einen Sticker – und bei zehn Stickern dann ein kleines Geschenk, zum Beispiel ein Comicheft, das Vorlesen einer Gutenachtgeschichte oder eine Radtour am Wochenende. Was Sie besser nicht machen sollten: Mit süßen Belohnungen locken à la „Nachtisch gibt's nur, wenn du den Brokkoli aufisst". Dann ist für Ihr Kind Süßes die tolle Belohnung und Gemüse das notwendige Übel.

Beim Kochen zu helfen macht den meisten Kindern Spaß und fördert ihre Neugier auf gesundes Essen.

Hokuspokus …

… und weg ist das Gemüse. Verstecken ist eine gute Möglichkeit, mehr Gemüse in die Ernährung einzubauen, auch von mäkeligen Essern. Kartoffelpüree, Pastasaucen, Gemüsepuffer, Gratins, Pfannkuchen, Brotaufstriche, herzhafte Muffins und mehr sind prima Gemüseverstecke. Für Aufstriche, Saucen und Co. wird das Gemüse püriert, so ist es perfekt getarnt. In Puffer, Gratins, Pfannkuchenteig, Muffins oder Frikadellen kann man Gemüse klein gehackt oder geraspelt dazugeben. Setzen Sie aber nicht nur auf Verstecken, denn der Geschmack verändert sich – und Ihr Kind weiß dann gar nicht, dass es Gemüse eigentlich mag …

Meine Top 10 für die

GRÜNE FAMILIENKÜCHE

Bitte zugreifen, und das möglichst oft! Diese zehn Richtigen bieten viele Vorteile für die Gesundheit und halten die ganze Familie fit.

Äpfel

Der Klassiker schmeckt Jung und Alt und trumpft mit mehr als 50 vitalisierenden Nährstoffen auf. Er liefert unter anderem Vitamin C, Beta-Carotin, Folsäure und andere B-Vitamine, Vitamin E, Niacin sowie reichlich Mineralstoffe wie Kalium und Eisen. Besonders wertvoll sind Äpfel wegen ihrer Ballast- und sekundären Pflanzenstoffe, die Herz-Kreislauf-Erkrankungen, Entzündungen im Körper und Krebs vorbeugen können.
Bei Verdauungsstörungen hilft ein geriebener Apfel. Wichtig: die Schale dranlassen, denn direkt unter der Schale stecken bis zu siebenmal mehr Nährstoffe als im Fruchtfleisch. Allergiker können Äpfel oft gut vertragen, wenn sie zu alten Sorten greifen, die man in Bio-Läden oder auf Märkten findet.

Beeren

Egal, ob frisch oder tiefgekühlt – sie sind echte Nährstoffbomben und dabei im Gegensatz zu anderen Obstsorten arm an Fruchtzucker. Beeren wie Him-, Erd- oder Johannisbeeren versorgen uns mit viel Vitamin C, pflanzlichem Eisen und Flavonoiden. Das sind sekundäre Pflanzenstoffe, die Entzündungen im Körper entgegenwirken und unsere Blutgefäße schützen. Am besten wechseln Sie immer mal wieder ab: beispielsweise Himbeeren mit Quark, Brombeeren und Rote Johannisbeeren im Obstsalat.
Übrigens: Getrocknete Blaubeeren wirken Wunder bei Durchfallerkrankungen.

Haferflocken

Die unscheinbaren Flocken haben wahre Superkräfte. Sie sind immer aus dem vollen Korn und sättigen mit ihrem Mix aus langsam verdaulichen Kohlenhydraten, Pflanzeneiweiß und vielen Ballaststoffen besonders gut.
Mit dem löslichen Ballaststoff Beta-Glucan können sie den Blutzucker- und Cholesterinspiegel und eine Fettleber in Balance bringen und beim Abnehmen helfen. Jede Menge B-Vitamine stärken außerdem die Nerven (in der Schule, bei der Arbeit und zu Hause) und unterstützen den Energiestoffwechsel. Für alle Veganer und Vegetarier liefern Haferflocken schließlich noch wichtige Mineralstoffe wie Magnesium, Zink und Eisen. Lauter gute Gründe, die Flocken immer ins Müsli zu mischen – oder nutzen Sie Hafermehl als Alternative zu anderen Mehlsorten! Übrigens: Wenn man Haferflocken über Nacht einweicht, wird die Aufnahme der enthaltenen Nährstoffe sogar noch verbessert.

Brokkoli

Wenig Kalorien, kaum Kohlenhydrate, reich an Eiweiß und vollgepackt mit Nährstoffen: Dieses Gemüse ist ein echter Superstar! Brokkoli wirkt entzündungshemmend, stärkt die Abwehrkräfte und kann sogar Erkältungen im Keim ersticken. Durch den hohen Vitamin-C-Gehalt ist er ein essbarer Sonnenschutz, der unsere Haut von innen vor UV-Strahlung schützt (wichtig für die zarte Haut der Kinder!). Als gute Kalziumquelle ist er perfekt für alle, die keine Milch trinken. Seine krebsvorbeugende Wirkung verdankt Brokkoli den enthaltenen Senfölglykosiden.

Hülsenfrüchte

Egal, ob Linsen, Bohnen oder Kichererbsen: Hülsenfrüchte gelten zu Recht als Superfood. Sie liefern pflanzliche Eiweiß-Power, dazu cholesterinsenkende und sattmachende Ballaststoffe, knochenschützende Mineralstoffe wie Magnesium und Kalzium sowie jede Menge sekundäre Pflanzenstoffe, die unseren Körper gegen Krankheiten stärken. Auch aus der Dose sind sie empfehlenswert und ideal für die schnelle Küche. Ein guter Tipp sind auch Nudeln aus Hülsenfruchtmehl. Wer sie anfangs ungewohnt findet, kann sie mit „normalen" Nudeln mischen.

Tomaten

Die meisten Kinder lieben die roten Kugeln, die eine hervorragende Quelle für Vitamin C, Kalium und Folsäure sind. Was sie aber vor allem in Sachen Gesundheit auszeichnet, ist ihr Inhaltsstoff Lykopin. Dieser rote Farbstoff gilt als starker Zellschützer und kann daher Krankheiten verhindern. Aus gegarten Tomaten ist Lykopin für uns sogar noch besser verwertbar. Daher: ran an die Tomatensauce!

Naturjoghurt

Er ist eine gute Quelle für Eiweiß und knochenstärkendes Kalzium – wichtig für Kinder und Jugendliche. Er eignet sich auch als Snack für zwischendurch, weil er sättigt und keine Heißhungerattacken hervorruft. Vor allem aber überzeugt Joghurt mit seinen probiotischen Bakterien, die für ein gesundes Mikrobiom sorgen. Wie wichtig dieses für den Körper ist, kann die Forschung immer besser belegen. Das Mikrobiom beeinflusst die Abwehrkräfte und das Körpergewicht. Bei Adipositas-Patienten kann man andere Darmbakterien nachweisen als bei schlanken Personen. Also: Joghurt essen lohnt sich!

Eier

Die kleinen Kraftpakete sind eine ausgezeichnete Quelle für sehr gut verwertbares Eiweiß. Deshalb sättigen sie besonders lange und halten den Blutzuckerspiegel niedrig: perfekt für alle, die abnehmen wollen. Als Nährstoffbomben enthalten sie außerdem Mineralstoffe wie Kalzium, Zink und Eisen sowie alle Vitamine außer Vitamin C. Ein weiteres Plus: Aus Eiern lassen sich im Nu Gerichte wie Ei-Brot, Rührei, Spiegelei oder Pfannkuchen zaubern, wenn es schnell gehen muss.

Salatgurken

Das wasserreiche Gemüse ist ein super Sattmacher, denn es bringt viel Volumen, aber so gut wie keine Kalorien auf den Teller. Mit viel Kalium wirken Gurken außerdem ausgleichend auf den Säure-Basen-Haushalt. Weil sie frisch und mild schmecken, lieben Kinder sie als Knabberei – und zu fast allen Mahlzeiten sind sie als Gemüseportion denkbar.

Nüsse

Die knackigen Kerlchen sind reich an ungesättigten Fettsäuren. Das wirkt sich positiv auf die Blutfettwerte aus, schützt das Herz und die Blutgefäße. Mit Vitamin E fangen Nüsse freie Radikale ab, mit Mineralstoffen wie Zink, Magnesium und Kalzium unterstützen sie viele Stoffwechselvorgänge. Außerdem schützen sie mit Lecithin das Gehirn: Sie sind DER Snack zum besseren Denken in der Schule oder bei der Arbeit! Darüber hinaus liefern Nüsse pflanzliches Eiweiß und beeinflussen kaum den Blutzuckerspiegel. Tipp: Immer mal eine andere Sorte knabbern – dann profitiert man von allen gesunden Inhaltsstoffen.

SELBST KOCHEN

lohnt sich

Keine Frage: Kochen kostet Zeit. Und die ist in vielen Familien knapp. Aber sich in der Küche Zeit zu nehmen, lohnt sich, denn wer selbst kocht, gewinnt gleich mehrfach.

Wer Menschen fragt, was Sie vom Kochen abhält, bekommt sehr oft die Antwort: „Dafür fehlt mir die Zeit." Kein Wunder also, dass beim aktuellen Ernährungsreport des Bundesministeriums für Ernährung und Landwirtschaft mehr als die Hälfte der Befragten angibt, dass es beim Kochen sehr schnell oder schnell gehen soll. Es zahlt sich jedoch gleich mehrfach aus, einen Teil seiner knappen Zeit in die Ernährung und das Kochen zu stecken. Die Vorteile liegen ganz klar auf der Hand.

Wissen, was drin ist

Wer auf die Zutatenlisten von Fertiggerichten blickt, versteht oft nur Bahnhof. Denn neben normalen Produkten, wie beispielsweise Tomaten oder Zwiebeln, werden dort in der Regel auch noch etliche unaussprechliche Zutaten aufgeführt, die niemand zu Hause beim Kochen verwenden würde. Das sind meist Zusatzstoffe, die Lebensmitteln eine bestimmte Konsistenz verleihen, sie haltbarer oder schmackhafter machen sollen. Auch hinzugefügte künstliche Aromen sollen für Geschmack sorgen und beispielsweise im Erdbeerjoghurt den nicht vorhandenen oder nur sehr geringen Teil echter Beeren ausgleichen. In diesen industriell hergestellten Produkten stecken zudem oft minderwertiges Fett (z.B. Palmöl), zu viel Salz und zu viel Zucker (siehe versteckte Zuckernamen Seite 26), die uns krank machen – vom Kleinkind bis zum Erwachsenen. Das alles können Sie sich (er-)sparen, wenn Sie zu Hause aus frischen Zutaten selbst kochen. Dann wissen Sie ganz genau, was drinsteckt. Sie können den Zuckeranteil selbst bestimmen und hochwertige Ausgangsprodukte verwenden. Das macht das Essen gesünder und gewöhnt Kinder an den natürlichen Geschmack von Lebensmitteln.

Die meisten Kinder helfen gern

Nutzen Sie bitte unbedingt diese Chance! Kochen regt alle Sinne an, es fördert die Motorik, man kann dabei Farben, Formen und Zahlen lernen, Messen und Wiegen üben und beobachten, wie sich Lebensmittel durch Hitze verändern – etwa wie aus einem flüssigen Ei ein festes Rührei wird. Das macht nicht nur Spaß, sondern auch fit fürs Leben. Warum also nicht mal fürs Wochenende statt einer anderen Familienaktivität das gemeinsame Kochen einplanen? Es gibt keine bessere Krankheitsprophylaxe!

Der Geldbeutel freut sich

Wenn die Lebensmittelindustrie kocht, lässt sie sich das gut bezahlen. Fast alle Produkte sind selbst gemacht preiswerter oder zumindest nicht teurer. Wer häufiger selbst kocht, hat daher auch ein größeres Budget, das er in hochwertigere „Rohstoffe" zum Kochen investieren kann. Bei zwei beliebten Familiengerichten haben wir verglichen, wo die Unterschiede im Preis und vor allem auch in der Zusammensetzung liegen.

IM VERGLEICH: FERTIG GEKAUFT UND SELBST GEMACHT

TOMATENSAUCE	FERTIGPRODUKT	SELBST GEMACHT (Rezept Seite 126)
Zutaten	71% Tomatenfruchtfleisch, 14% Tomatenmarkkonzentrat, Zwiebeln, Sonnenblumenöl, 2% Basilikum, Zucker, Salz, natürliches Aroma	1 Zwiebel, 1 Knoblauchzehe, 1 Pastinake, 1 Möhre, 1 Zucchini, 2 EL Olivenöl, 2 TL getr. ital. Kräuter, 2 EL geschälte Hanfsamen, 1 Dose Tomatenstücke (400 g), Salz, Pfeffer
Nährstoffe pro Portion	ca. 60 kcal, 1,6 g EW, 2,7 g F, 6,8 g KH, 1,6 g BST	ca. 155 kcal, 5 g EW, 9 g F, 14 g KH, 4,5 g BST
Preis	400-g-Glas (für 4 Personen) ca. 2,20 €	Komplettes Rezept (für 4 Personen) ca. 1,90 €
Fazit	Im Gegensatz zum selbst gemachten Produkt enthält die fertige Sauce Zucker und Aromastoffe, außerdem weniger Eiweiß, gutes Fett und Ballaststoffe.	Mehr Eiweiß, gesundes Fett und Ballaststoffe machen die Sauce sättigender. Der hohe Gemüseanteil liefert viele sekundäre Pflanzenstoffe.

PIZZA	FERTIGPRODUKT (vegetarische Pizza aus dem Tiefkühlfach)	SELBST GEMACHT (Rezept Seite 116)
Zutaten	Weizenmehl, 19% passierte Tomaten, 12% Käse (schnittfester Mozzarella, Edamer), 9% Cocktailtomaten, 9% Gemüsepaprika, Sauerrahm, Rapsöl, 3% Zwiebeln, 3% eingelegte Peperonistücke (Peperoni, Wasser, Branntweinessig, Salz, Antioxidationsmittel Ascorbinsäure, Säuerungsmittel Citronensäure), Wasser, zerkleinerte Oliven, Backhefe, Salz, Zucker, Pfeffer, Knoblauch, Chilischoten, Oregano, Petersilie, Tomatenmark, Zitronensaft, Paprika, Gewürzextrakt	250 g Champignons, 1 Zucchini, 1 große rote Paprikaschote, 1 kleine Dose Mais, 250 g geraspelter Gratinkäse, ¼ l Milch, 3 Eier, 100 g Mehl, 100 g Dinkelvollkornmehl, 1 TL getr. Oregano, Salz, Pfeffer, Basilikum zum Garnieren
Nährstoffe pro Portion	ca. 765 kcal, 25 g EW, 34 g F, 127 g KH, 7,7 g BST	ca. 585 kcal, 36 g EW, 28 g F, 46 g KH, 8 g BST
Preis	1 Packung (für 1–2 Personen) ca. 2,70 €	Komplettes Rezept (für 4 Personen) ca. 1,70 €
Fazit	Hoher Kohlenhydratgehalt und mehr Kalorien als die selbst gemachte Variante, zugesetzter Zucker	Mehr Eiweiß, etwas weniger Fett und vor allem viel weniger Kohlenhydrate als das Fertigprodukt, hoher Gemüseanteil

Manchmal ist

WENIGER BESSER

Verbote sind verboten, denn schließlich kommt es bei der Ernährung vor allem auf das große Ganze an. Dennoch gibt es einige Lebensmittel und Inhaltsstoffe, die weniger empfehlenswert für die Gesundheit sind.

Im Notfall mal eine Tiefkühlpizza in den Ofen schieben – das ist an sich kein Problem. Grundsätzlich aber zählen diese Pizzen zu den Produkten, die nur selten auf den Familientisch kommen sollten, weil sie unserer Gesundheit auf Dauer nicht guttun. Und davon gibt es einige.

Fertigprodukte

Fertigprodukte sind bequem, weil man mit ihnen an stressigen Tagen Zeit in der Küche spart. Viele von ihnen werden von den Herstellern auch als „gesund" beworben. Doch das Gegenteil ist der Fall! Wissenschaftliche Studien weisen zunehmend nach, dass industriell hergestellte – und damit hochverarbeitete – Lebensmittel für viele gesundheitsschädliche Folgen verantwortlich sind. Sie enthalten zu viel Zucker, zu viel ungesundes Fett (vor allem Palmfett), zu viel Salz, Zusatz- und Aromastoffe und meist zu viele Kalorien; Vitamine, Mineral- und Ballaststoffe – also alles, was dem Körper guttut – fehlen dagegen. Gerade die Kombination aus Zucker und Fett ist fatal, denn diese aktiviert das Belohnungszentrum in unserem Gehirn mit der Ausschüttung von „Gute-Laune-Hormonen". Jedes Familienmitglied will dann mehr davon – ein Teufelskreis beginnt. Durch die geballte Energie nehmen wir mehr Kalorien zu uns, sodass Übergewicht und Adipositas vorprogrammiert sind. Kommt dann noch mehr Zucker dazu, steigt das Risiko für eine Fettleber, die sich still und heimlich entwickelt. Daraus entsteht schließlich in vielen Fällen ein Diabetes Typ 2. Die Erfahrung in der Praxis zeigt, dass Erkrankungen wie Verdauungsstörungen, Nahrungsmittelunverträglichkeiten und vor allem das Reizdarmsyndrom zunehmen, weil zu viele Fertigprodukte mit zu vielen Zusatzstoffen konsumiert werden. Als Faustregel gilt: Fertigprodukte mit mehr als fünf Zutaten auf der Zutatenliste dürfen gern im Regal stehen bleiben! Und wenn es doch mal schnell gehen muss, mein Tipp: ein gekauftes Fertigprodukt mit frischem Salat oder Gemüse aufwerten – und kein schlechtes Gewissen aufkommen lassen.

Zucker, andere Süßungsmittel und Süßigkeiten

Ob raffinierter Zucker oder andere süße Produkte: Sie liefern viel Energie und schnell verdauliche Kohlenhydrate, aber so gut wie keine wertvollen Nährstoffe. Deshalb sind sie nicht nur überflüssig, sondern sogar schädlich. Denn die Kohlenhydrate gehen schnell ins Blut, verursachen eine hohe Insulinausschüttung und können so nicht nur Heißhungerattacken auslösen, sondern auch das Risiko für Krankheiten und Übergewicht erhöhen. Je weniger Zucker, alternative Süßungsmittel, Süßigkeiten, süße Getränke und andere stark gesüßte Lebensmittel und Gerichte wir zu uns nehmen, desto besser. Was bessere Alternativen sind und wie man sich an weniger Süße gewöhnen kann, erfahren Sie auf Seite 25.

Weißmehlprodukte

Ebenso wie Zucker lassen Brot, Kuchen, Nudeln und andere Produkte aus Weißmehl mit leicht verdaulichen Kohlenhydraten den Blutzuckerspiegel rasch ansteigen und stimulieren eine übermäßige Insulinausschüttung. Zudem fehlen ihnen die wertvollen Ballast- und Nährstoffe aus dem vollen Korn, die zum Beispiel für eine gute Verdauung sorgen. Je häufiger Sie zu Vollkorn- statt zu Weißmehlprodukten greifen, desto mehr profitiert die Gesundheit Ihrer Familie davon. Probieren Sie auch andere „gute" Getreidesorten wie Dinkel, Buchweizen oder Hafer. Vollkorn muss dabei nicht immer richtig kernig sein. Es gibt auch Brot aus fein vermahlenem Vollkorngetreide, das bei Kindern oft besser ankommt und die Umstellung auf Vollkorn erleichtert.

Wurst und Würstchen

Sie sind besonders reich an gesättigten Fettsäuren, enthalten viel Salz und in der Regel Nitritpökelsalz. Wenn dieses beim Erhitzen mit dem Eiweiß, das in Wurst und Würstchen enthalten ist, reagiert, bilden sich gesundheitsschädliche Nitrosamine. Deshalb hat die Weltgesundheitsorganisation WHO verarbeitete Fleischprodukte als krebserregend eingestuft. Es gilt also: je weniger Wurst und Würstchen, desto besser. Manche Bio-Produzenten verzichten auf Nitritpökelsalz und andere Zusatzstoffe wie Phosphat. Hier lohnt sich ein Blick auf die Zutatenliste.

Spezielle Kinderprodukte

Glaubt man der Werbung, sind sie unentbehrlich für eine gute Versorgung der Kleinen und speziell auf ihre Bedürfnisse zugeschnitten. Schaut man genauer hin, fällt auf, dass gezielt für Kinder produzierte Lebensmittel in fast allen Fällen mehr Zucker und versteckte Fette enthalten als vergleichbare herkömmliche Produkte. Zudem sind sie in der Regel viel teurer. Ein Naturjoghurt mit frischen Früchten oder einem Klecks Marmelade ist wesentlich gesünder als ein Kinderjoghurt, der mit Zucker, Farb- und Aromastoffen aufgepeppt ist. Oft werden die Produkte mit „natürlicher Süße" beworben, was lediglich bedeutet, dass statt des raffinierten Zuckers andere Zutaten zum Süßen eingesetzt wurden, die den gleichen negativen Effekt auf den Körper haben. Natürlich finden die Kids die bunten Kinderprodukte oft toll, vor allem wenn sie mit beliebten Comicfiguren oder Filmhelden beworben werden. Als besondere Nascherei in Ausnahmefällen ist so ein Joghurt sicher kein Problem – wenn sie jedoch zur Regel werden, machen die überzuckerten Produkte unsere Kinder eher unruhig. Fazit: Kinderprodukte sind schlicht überflüssig.

Salz

Speisesalz ist die wichtigste Quelle für Natrium und Chlorid in der Ernährung. Es trägt wesentlich dazu bei, den Flüssigkeitshaushalt der Zellen aufrechtzuerhalten und den Blutdruck zu regulieren. Extrem salzarm zu essen, ist daher für gesunde Menschen nicht sinnvoll. Ein Zuviel an Speisesalz kann allerdings bei denen, die darauf empfindlich reagieren, den Blutdruck und das Risiko für Herz-Kreislauf-Erkrankungen erhöhen. Das betrifft bis zu 20 Prozent der Bevölkerung mit normalem Blutdruck und bis zu 50 Prozent der Menschen mit bereits erhöhtem Blutdruck. Das Salz, das wir zum Nachsalzen von Selbstgekochtem verwenden, ist dabei weniger ein Problem. Den größten Teil nehmen wir über verarbeitete Lebensmittel wie Brot, Fleisch, Wurst und Käse, salzige Snacks (wie Chips) und Fertiggerichte auf. Das muss man wissen und davon möglichst die Finger lassen. In der eigenen Küche kann man eher sparsam salzen und stattdessen mit Kräutern und Gewürzen Aroma ins Essen bringen. So gewöhnen sich Kinder gar nicht an zu viel Salz.

Ein zuckersüßes PROBLEM

Zu viel Zucker tut uns nicht gut, das wissen wir alle. Aber kann er wirklich süchtig machen? Und wie schafft man es, weniger davon zu essen? Hier die wichtigsten Fakten und Tipps.

Die Lust auf Süßes ist uns angeboren, denn Süße verspricht überlebenswichtige Energie. Unsere Vorfahren kannten allerdings nur die dezente Süße aus Früchten und Getreide. Heute steckt Zucker in so gut wie jedem verarbeiteten Lebensmittel. So werden die meisten von uns schon als Kind an stark gesüßte Produkte gewöhnt. Das bringt uns auf den Geschmack – denn wie süß uns süß genug ist, ist Gewöhnungssache.

Brauchen wir Zucker?

Um es kurz zu machen: nein. Der Einfachzucker Glukose (Traubenzucker) ist zwar ein Treibstoff für unsere Körperzellen und somit für alle Körperfunktionen. Aber um die Versorgung damit zu sichern, müssen wir keinen reinen Zucker essen. Denn unser Körper kann Glukose aus Kohlenhydratreichem wie Vollkornbrot oder Gemüse und sogar aus Fett und Eiweiß selbst herstellen.

Welche Wirkung hat Zucker?

Essen wir Zuckerreiches, steigt unser Blutzuckerspiegel rasant an. Daraufhin produziert unser Körper Insulin, das den Zucker aus dem Blut in die Körperzellen schleust. Essen wir viel Zucker, wird viel Insulin produziert und der Blutzuckerspiegel sinkt im Verlauf zu rasch ab. Das ist ein Alarmsignal für den Körper: Er meldet unserem Gehirn, dass schnell Energie hermuss – und das löst Heißhunger nach noch mehr Süßem aus.

So beginnt oft ein Teufelskreis, bei dem wir nach immer mehr Zucker verlangen. Unser Stoffwechsel kommt dann nicht zur Ruhe und Übergewicht wird begünstigt. Kinder werden durch das starke Schwanken des Blutzuckerspiegels schneller unruhig und können sich weniger gut konzentrieren. Das Naschen kann sogar zum zwanghaften Verhalten werden, besonders dann, wenn zum Zucker Fett hinzukommt – wie zum Beispiel in Schokokeksen und Schokolade. Denn dieser Mix aktiviert unser Belohnungssystem im Gehirn, mit der Folge, dass wir mehr und mehr möchten. Möglicherweise ist dieser Mechanismus mitverantwortlich für Hyperaktivität und Aufmerksamkeitsdefizite.

Darum tut Zucker nicht gut

Eine zuckerreiche Ernährung führt oft zu Übergewicht. Sie liefert zu viel Energie, die in Körperfett umgewandelt wird. Das lagert sich zum einen im Bauchraum an, wo es Botenstoffe produziert, die im ganzen Körper Entzündungen verursachen oder befeuern können. Zum anderen wird es als Pölsterchen gespeichert – bei großem Energieüberschuss auch in Muskelzellen oder Organen wie Herz oder Leber, was zu gesundheitlichen Problemen wie einer nicht alkoholischen Fettleber führen kann. Und schließlich schadet viel Zucker den Zähnen, weil er Futter für Kariesbakterien ist. Wir können unseren Kindern das Bohren beim Zahnarzt ersparen, wenn wir zuckerarmes Essen anbieten.

SO KÖNNEN SIE DIE SÜSS-SCHWELLE SENKEN

→ Bei den meisten Rezepten für Kuchen, Desserts oder süße Hauptgerichte können Sie ohne Problem ein Drittel des Zuckers weglassen. Sie werden sehen, meist fällt das gar nicht auf.

→ Süßes Gebäck wie beispielsweise Waffeln oder Pfannkuchen nur leicht süßen und lieber vor dem Servieren dünn mit Puderzucker bestäuben. Das lässt das Gebäck mit wenig Zucker süß schmecken.

→ Auch alternative Süßungsmittel wie Honig, Ahornsirup, Erythrit oder Ähnliches sparsam einsetzen. Denn selbst wenn sie gesünder sind oder kaum bzw. keine Kalorien liefern, erhöhen sie durch den süßen Geschmack die Lust auf Süßes.

→ Kinder unter zwei Jahren möglichst gar nicht an Zucker, gesüßte Produkte und Süßigkeiten gewöhnen. Je jünger wir mit gesüßten Lebensmitteln in Berührung kommen, desto stärker wird unser Geschmack auf süß geprägt. Auch bei älteren Kindern sollten Sie die Süßschwelle möglichst lange möglichst niedrig halten.

→ Süßes nicht als Belohnung, Druckmittel oder Ähnliches einsetzen. Das kann zu emotionalem Essen und einer lebenslangen Prägung führen.

→ Kochen und backen Sie so oft wie möglich selbst. So bestimmen Sie, wie viel Süße ins Essen kommt.

→ Bei Fertigprodukten die Zutatenliste studieren und zuckerreiche Produkte stehen lassen. Vorsicht: Zucker versteckt sich häufig hinter mehreren Namen in der Zutatenliste, damit er nicht an erster Stelle steht (die Reihenfolge der Zutaten muss nach höchstem Gehalt erfolgen).

→ Ein super Trick (auch für Kinder) bei der Umstellung auf weniger gesüßte Produkte: Süßes nach und nach immer stärker verdünnen. Zum Beispiel nach und nach einen Löffel mehr Naturjoghurt unter den süßen fertigen Fruchtjoghurt mischen oder ein gekauftes Schokomüsli immer mehr mit Haferflocken strecken.

→ Süße Erfrischungsgetränke und Fruchtsäfte höchstens ab und zu als Besonderheit trinken und nicht täglich als Durstlöscher anbieten. Zuckerfreie Alternativen für Getränke finden Sie auf Seite 29.

Wie alle anderen Süßungsmittel sollten Sie auch Honig besser sparsam als Gewürz einsetzen.

Weniger ist mehr

Die Weltgesundheitsorganisation WHO empfiehlt, nicht mehr als 10 Prozent der täglichen Kalorien aus Zucker aufzunehmen. Bei einer Frau mit einem durchschnittlichen Energiebedarf von etwa 2000 kcal wären das knapp 50 Gramm am Tag. Für Kinder werden, je nach Alter, höchstens 25 Gramm Zucker am Tag empfohlen. Was sich gar nicht so wenig anhört, relativiert sich schnell, wenn man weiß, dass in einem Becher Fruchtjoghurt oder einem Glas Limonade oder Cola (ca. 200 ml) oft schon 27 Gramm Zucker stecken.
Auch wenn es den Anschein macht, dass Honig, Ahornsirup oder Agavendicksaft gesünder sind als normaler raffinierter Zucker – auch sie bestehen im Endeffekt aus Zucker, haben jedoch zumindest etwas mehr Nährstoffe zu bieten. Ebenso wenig empfehlenswert sind kalorienfreie oder -arme Alternativen wie Süßstoff, Stevia oder Birkenzucker. Sie liefern kaum Kalorien, können aber durch ihre enorme Süßkraft die Lust auf Süßes steigern und wahrscheinlich unsere Darmschleimhaut schädigen. Besser ist es, in Maßen zu süßen und die Süßschwelle mit den Tipps von Seite 25 nach unten zu schrauben.

Gesünder naschen

Desserts, Snacks und Gebäck können Sie ganz oder zum Teil mit süßen Früchten wie Bananen, Apfelmus oder Trockenfrüchten süßen und so den Zuckergehalt reduzieren. Statt des normalem Haushaltszuckers besser Vollrohrzucker, Ahornsirup, Honig oder Dattelkaramell (siehe Seite 175) verwenden, die zumindest noch einige Vitamine und Mineralstoffe liefern. Süßes genießt man am besten direkt nach einer Hauptmahlzeit – und möglichst mit Eiweißreichem wie Quark kombiniert: Das bremst den Blutzuckeranstieg. Ebenfalls hilfreich ist Bewegung! Denn sie senkt den Blutzuckerspiegel nach dem Naschen, ohne dass Insulin gebraucht wird.

IST DA ZUCKER DRIN?

Das ist auf Lebensmitteletiketten oft gar nicht so leicht zu erkennen. Denn Zucker versteckt sich da oft hinter anderen Namen. Übliche Bezeichnungen sind: Haushaltszucker oder Saccharose, Traubenzucker oder Dextrose, Fruchtzucker oder Fruktose, Milchzucker oder Laktose, Maltose oder Malzzucker, Glukosesirup, Fruktosesirup, Maltosesirup, Farinzucker, Invertzucker, Maltodextrin oder Stärkezucker, natürliche Fruchtsüße (ein Mix aus Fruktose und Glukose, der mit Obst nichts zu tun hat).

Wasser marsch!

SO BLEIBT ALLES IM FLUSS

Damit die Lebensenergie fließen kann, ist eine gute Versorgung mit Flüssigkeit unerlässlich – auch bei den Kleinen. Wie viel es sein sollte und welches die besten Durstlöscher sind, erfahren Sie hier.

Ausreichend trinken ist lebensnotwendig, denn unser Körper besteht zu einem Großteil aus Wasser. Während Erwachsene einen Wasseranteil von 50 bis 60 Prozent haben, beträgt er bei Kindern und Babys sogar bis zu 70 Prozent. Für die Kleinen ist Flüssigkeit daher besonders wichtig. Wasser hat zahlreiche Funktionen in unserem Körper: Es ist Bestandteil von Zellen und Körperflüssigkeiten, reguliert die Körpertemperatur und sorgt für den Transport bzw. Abtransport von Nährstoffen und Abbauprodukten – weil wir beim Atmen, beim Schwitzen oder auch über die Ausscheidung von Harn und Stuhl ständig Wasser verlieren.

So viel Flüssigkeit sollte es sein

Da Wasser so viele wichtige Aufgaben erfüllt, ist der Wasserhaushalt fein reguliert: Bereits ab einem Wasserverlust von 0,5 Prozent des Körpergewichts (bei einer 60 kg schweren Frau wären das ca. 200 ml) schlägt unser Körper Alarm und meldet Durst. Als Richtwert für eine gute Versorgung wird empfohlen, pro Tag etwa 30 Milliliter Flüssigkeit pro Kilogramm Körpergewicht zuzuführen. Für Kinder liegt die ideale Menge je nach Alter zwischen 900 Milliliter und 1,5 Liter. Der Bedarf steigt natürlich, wenn es besonders heiß ist oder wenn durch Sport und Bewegung viel Flüssigkeit ausgeschwitzt wird. Entscheidend ist aber nicht nur die Menge: Es ist besser, gleichmäßig über den Tag verteilt kleinere Mengen zu trinken als einmalig sehr viel. Denn die Flüssigkeit kann nicht lange gespeichert werden. Sie wird rasch ins Blut aufgenommen, erfüllt im Körper ihre vielfältigen Aufgaben und wird schnell wieder ausgeschieden.

Wasser macht fit

Ist der Körper gut mit Flüssigkeit versorgt, können Körper- und Stoffwechselvorgänge reibungslos ablaufen. Wasser füllt mit viel Volumen, aber null Kalorien außerdem auf leichte Art den Magen und kann so beim Abnehmen helfen. Bei Flüssigkeitsmangel wird dem Blut und dem Gewebe Wasser entzogen. Das Blut wird „dicker" und Muskel- und Gehirnzellen sind nicht mehr so gut mit Nährstoffen und Sauerstoff versorgt. Wir werden müde und unkonzentriert, die Leistungsfähigkeit sinkt und es können Kopfschmerzen auftreten. Deshalb sind regelmäßige Trinkpausen in der Schule und bei der Arbeit so wichtig. Ein weiterer unangenehmer Effekt: Länger anhaltender Flüssigkeitsmangel kann zu Verstopfung führen.

Welche Getränke sind gute Durstlöscher?

Ideal sind Getränke, die nur wenig oder keine Kalorien haben: also Wasser oder ungesüßte Kräuter- oder Früchtetees. Trinkwasser aus dem Wasserhahn kann je nach Qualität der Leitungsrohre sehr empfehlenswert sein. Mineral- und Heilwasser kann darüber hinaus

WASSERTRINKEN LEICHT GEMACHT

Ein paar kleine Tricks helfen, um das Trinkverhalten von Erwachsenen wie Kindern dauerhaft zu verbessern:

→ Am besten trinkt jedes Familienmitglied gleich nach dem Aufstehen und vor jeder Mahlzeit ein Glas Wasser. Mein Tipp: Kreieren Sie dafür doch einen familieninternen Trinkspruch.

→ Füllen Sie für unterwegs Trinkflaschen für die Kinder und auch für alle Erwachsenen.

→ Wasser sollte immer bereitstehen. Auch für Kinder sollten Wasser und Wassergläser oder -becher stets in Reichweite sein.

→ Ein Trinkwecker, den es zum Beispiel als App gibt, erinnert ans Trinken – vor allem die Eltern!

→ Besser still: Je mehr Kohlensäure im Wasser ist, desto weniger kann man davon trinken.

→ Besser nicht zu kalt: Zimmerwarmes Wasser kann der Körper besonders gut aufnehmen.

→ Auch wasserhaltige Lebensmittel wie Gemüse tragen zur Flüssigkeitsversorgung bei. Wer viel Gemüse isst, nimmt automatisch auch mehr Wasser auf. Besonders im Sommer eine tolle Möglichkeit, mit Salatgurke, Wassermelone und Co. die Wasserspeicher zu füllen.

einen wertvollen Beitrag zur Mineralstoffversorgung leisten. Je nach Quelle liefert es unterschiedliche Mineralstoffe. Wer beispielsweise keine Milchprodukte zu sich nimmt, kann mit kalziumreichem Wasser (mehr als 150 mg/l) die Versorgung mit diesem Mineralstoff verbessern.

ERFRISCHUNGSGETRÄNKE wie Cola, Limonade und Energy Drinks sind aufgrund ihres hohen Zuckergehalts hyperton, das heißt, die Konzentration gelöster Teilchen ist höher als im Blut. Wenn wir sie trinken, gelangen sie in den Darm, wo sie – im Gegensatz zu Wasser – erst mit körpereigenem Wasser verdünnt werden müssen, bevor sie ins Blut gehen. Sie entziehen dem Körper also Wasser, statt ihn mit Flüssigkeit zu versorgen. Als Durstlöscher sind sie daher völlig ungeeignet, zumal sie auch noch viele Kalorien liefern und so den Blutzucker aus der Balance bringen. Studien zeigen eindeutig, dass ein starker Konsum von gesüßten Getränken das Risiko für starkes Übergewicht, Diabetes Typ 2 und Karies erhöht. Diät-Limonaden liefern zwar kaum Kalorien, sind aber wegen der enthaltenen Süßstoffe und deren Wirkung auf den Körper umstritten. Wahrscheinlich schädigen sie unsere Darmschleimhaut und machen sie durchlässiger. Aspartam wirkt sich beispielsweise negativ auf den Serotoninspiegel im Gehirn aus und kann deshalb zu Stimmungsschwankungen, Kopfschmerzen und Darmproblemen führen.

FRUCHTSÄFTE enthalten – besonders wenn sie frisch gepresst sind – wertvolle Inhaltsstoffe wie Vitamine, Mineral- und Bioaktivstoffe. Säfte sind durch den natürlichen Fruchtzucker jedoch ebenso reich an Zucker wie Erfrischungsgetränke und daher als Durstlöscher nur stark verdünnt mit Wasser (ideal ist ein Mix von 1:4) und lediglich für Familienmitglieder, die Sport treiben, geeignet. Sie liefern sonst zu viel Energie und

Fruchtig aufgepeppt macht Wassertrinken Spaß.

LUST AUF ABWECHSLUNG?

So sorgen Sie kalorienarm oder -frei für mehr Pep im Glas:

→ Klassisch: 1 Spritzer Zitronensaft, 1 Bio-Zitronen- oder -Orangenscheibe ins Wasserglas versenken.

→ Dekorativ: tiefgekühlte Beeren oder Weintrauben ins Wasser geben.

→ Cool und fruchtig: Fruchtsäfte in Eiswürfelbehältern einfrieren und die bunten Eiswürfel dann zum Trinken ins Wasserglas geben.

→ Erfrischend: einige Blätter Zitronenmelisse, Bio-Limetten- und Salatgurkenscheiben dazugeben.

→ Exotisch: ein Wasser-Cocktail mit Ingwerscheiben, Zitronengrasstängeln, Minzeblättern und Erd- oder Himbeeren.

bringen den Blutzuckerspiegel aus dem Gleichgewicht. Also besser verdünnten Saft nur beim Sport oder als besondere Erfrischung trinken. Stattdessen sollte man Obst lieber als Ganzes genießen und so von den gesunden Inhaltsstoffen profitieren. Das gilt übrigens auch für Smoothies. Diese erhalten allerdings ausnahmsweise einen Freifahrtschein, wenn überreifes Obst und Gemüse schnell aufgebraucht werden muss, um nicht im Mülleimer zu landen.

KOFFEINHALTIGES wie Kaffee, schwarzer Tee, Eistee (!), Erfrischungsgetränke oder Energy Drinks sind für Kinder und Jugendliche unter etwa 15 Jahren absolut ungeeignet. Kinderärzte warnen vor Herzrasen, Angsterscheinungen, Verhaltensänderungen wie Hyperaktivität und Konzentrationsstörungen, Kopf- und Bauchschmerzen sowie Schlafstörungen. Für Erwachsene sind bis zu vier Tassen Kaffee oder Schwarztee am Tag eher unproblematisch. Jedoch können auch sie bei chronischem Koffeinkonsum unter den zuvor beschriebenen Störungen leiden. Mein Tipp: In solchen Fällen ein bis zwei Tage pro Woche eine Koffeinpause einlegen.

ALKOHOLISCHES ist für Kinder natürlich tabu. Aber auch Erwachsene sollten eher selten zugreifen, denn alle Studien zeigen, dass es keine „gesunde" Dosis gibt. Zudem liefert Alkohol mit 7 kcal pro Gramm einiges an Kalorien. Wenn überhaupt Alkohol gewünscht ist, dann besser Wein (noch besser: mit Wasser verdünnt als Schorle) oder Bier statt hochprozentiger Spirituosen. Ein alkoholfreies Bier kann als isotonisches Getränk nach dem Sport genossen werden.

Kein Stress am Esstisch

WAS MACHE ICH, WENN …

Selten läuft alles nach Plan beim Essen, denn Familie lässt sich nicht planen. Kein Grund zur Sorge – mit kleinen Tricks und etwas Geduld wird alles gut.

… mein Kind kein Gemüse isst?

Probieren Sie es mit Rohkost, das mögen Kinder oft lieber als gekochtes Gemüse. Auch kein Hit? Dann hilft verstecken: zum Beispiel in Nudelsaucen, Suppen oder herzhaftem Gebäck. Versuchen Sie, spielerisch Interesse zu wecken, etwa indem sich Ihr Kind ein Gemüse in seiner Lieblingsfarbe aussuchen darf oder indem Sie Gemüse (z.B. Radieschen) auf der Fensterbank selbst ziehen. Das Wichtigste: dranbleiben. Oft zeigen sich Erfolge erst nach Jahren. Mehr Tipps dazu finden Sie auf Seite 16.

… immer nur das Gleiche auf dem Teller will?

Wecken Sie spielerisch das Interesse für Neues, indem Sie Ihr Kind im Geschäft drei neue Lebensmittel selbst aussuchen lassen oder Schmeckspiele mit verbundenen Augen organisieren. Und machen Sie es zur Grundregel, dass am Esstisch von allem Neuem zumindest ein Happen probiert wird. Das erweitert den Geschmackshorizont!

… mein Kind isst wie ein Spatz?

Wenn Ihr Kind nur kleine Portionen isst und dünn ist, bieten Sie ihm zwischen den Hauptmahlzeiten noch einen ausgewogenen Snack an. Rezepte dafür finden Sie ab Seite 160. Vermeiden Sie Dauersnacken und Süßigkeiten zwischendurch – das nimmt erst recht den Appetit auf das „richtige" Essen. So kommen wichtige Nährstoffe zu kurz.

… wenn ein Familienmitglied ständig Hunger hat?

Prüfen Sie, ob die Hauptmahlzeiten genug Eiweiß und Ballaststoffe enthalten und ob sich die oder der Betroffene bei den Hauptmahlzeiten satt isst. Bei Hunger zwischendurch auf ausgewogene Snacks wie Knabbergemüse mit eiweißreichem Dip oder Nüsse setzen. Dauersnacken und Süßes zwischen den Mahlzeiten meiden – das verursacht noch mehr Hunger und kann einen wahren Heißhungerkreislauf auslösen. Ist die Trinkmenge ausreichend? Trinken, trinken und nochmals trinken.

… ein Familienmitglied Allergien oder Unverträglichkeiten hat?

Lassen Sie nicht auf Verdacht einfach Lebensmittel weg, sondern Ihre Vermutung erst mal vom Arzt abklären. Bestätigt sich der Verdacht, lohnt sich der Besuch bei einer qualifizierten Ernährungsberatung.

… ein Familienmitglied zu viel wiegt?

Drehen Sie an zwei Schrauben: mehr Bewegung in den Alltag einbauen und leichteres Essen mit viel Gemüse, Eiweißreichem, aber weniger Kohlenhydraten aus Brot, Nudeln, Reis und Co. Kinder müssen nicht abnehmen, sollten aber durch Bewegung und leichteres Essen eine Zeit lang nicht zunehmen. Ihr Gewicht normalisiert sich dann durch das Wachstum. Bei starkem Übergewicht empfiehlt sich eine qualifizierte Ernährungsberatung. Hier ist es entscheidend, vor der Pubertät einzugreifen.

… mein Kind ständig Süßigkeiten will?

Verbieten Sie Süßes nicht, aber vereinbaren Sie klare Regeln mit dem Kind: Es bekommt eine Naschkiste, in die alle Süßigkeiten hineinkommen und aus der es sich ab und zu, am besten nach den Hauptmahlzeiten, etwas aussuchen darf. Eine (Kinder-)Handvoll Süßigkeiten pro Tag wären ein vertretbares Maß.

… ein Familienmitglied nicht frühstücken will?

Manche Menschen bekommen direkt nach dem Aufstehen einfach noch nichts runter. Versuchen Sie es bei Kindern mit einem Trinkmüsli (siehe Seite 69) oder einem Joghurt mit Obst. Am Vormittag sollten Sie das Frühstück dann mit einer größeren Zwischenmahlzeit nachholen. Erwachsene dürfen das Frühstück gern ausfallen lassen. So verlängert sich die Zeit der Selbstreinigung des Körpers über Nacht und wir sind beim gesundheitsförderlichen Intervallfasten angelangt.

… am Tisch ständig einer meckert?

Lassen Sie alle Familienmitglieder bei der Erstellung des Essensplans für die nächsten Tage mitentscheiden. Wenn sich jeder ein Lieblingsgericht für die Woche wünschen darf, fällt es leichter zu akzeptieren, dass es auch mal etwas gibt, das man selbst weniger mag. Wer etwas gar nicht mag, muss es nicht essen, sollte aber den anderen nicht durch negative Kommentare den Appetit verderben.

… meine Familie nicht vegetarisch essen möchte?

Beginnen Sie mit kleinen Schritten. Ein fleischfreier Tag in der Woche kann ein Anfang sein. An diesem Tag können die Skeptiker dann vielleicht neue fleischlose Lieblingsgerichte entdecken. Mit der Zeit lässt sich die Anzahl der vegetarischen Mahlzeiten erhöhen.

Gesund essen im SCHLARAFFENLAND?

Während lange Esspausen bei unseren Urahnen an der Tagesordnung waren, ist Essen heute ständig und überall verfügbar. Besonders für Kinder ist es wichtig, von Anfang an einen guten Umgang mit dem Überfluss zu lernen.

Wie die meisten Erwachsenen essen heute auch viele Kinder ständig: eine Brezel auf dem Schulweg, ein paar Kekse auf dem Spielplatz, ein Griff in die Naschschublade am Nachmittag oder eine Portion „Quetsch-Obst" im Einkaufswagen. Das permanente Nebenbei- und Zwischendurch-Essen tut dem Körper aber nicht gut. Denn so kommen Verdauung und Stoffwechsel nie zur Ruhe und der Blutzuckerspiegel fährt Achterbahn. Außerdem geht das Gefühl für Hunger und Sättigung, das gerade Kleinkinder von Natur aus noch spüren, verloren. Das kann nicht nur schnell zu Übergewicht führen, sondern nimmt auch den Hunger auf das „richtige" Essen bei den Hauptmahlzeiten, bei denen es genau das gibt, was wertvoller für die Gesundheit ist als Kekse und Co.: Gemüse, Hülsenfrüchte, Milchprodukte, Vollkorngetreide und mehr: den Power-Mix!

Klare Regeln helfen

Um Dauersnacken zu verhindern und ein gesundes Essverhalten zu fördern, helfen einfache Vorgaben. Das kann anfangs anstrengend sein, aber Dranbleiben lohnt sich. Denn so helfen Sie Ihrem Kind in dem „Schlaraffenland", das uns umgibt, ein vernünftiges Essverhalten zu erlernen, von dem es ein Leben lang profitieren wird. Also am besten von Anfang an Regeln aufstellen und konsequent bleiben. Gelten bei Oma und Opa oder bei Freunden andere Regeln, ist das kein Problem. Kinder können hier meist sehr gut unterscheiden, was wo gilt. Verbringen die Kinder jedoch viel Zeit bei den Großeltern oder anderen Betreuungspersonen, kann es sinnvoll sein, mit denen die Vorgaben, die zu Hause gelten, zu besprechen. Denn alle Regeln nützen nichts, wenn die Kids jeden Nachmittag bei Oma einen Freifahrtschein fürs Naschen haben ...

Feste Mahlzeiten einhalten

Für Kinder sind drei Hauptmahlzeiten – früh, mittags und abends – ideal, damit sie kontinuierlich mit Energie versorgt sind. Da vor allem bei Kleinkindern der Magen noch klein, der Energiebedarf durch Wachstum und Bewegung aber groß ist, sind zwei kleine ausgewogene Zwischenmahlzeiten am Vor- und Nachmittag sinnvoll: beispielsweise ein Naturjoghurt mit einer Portion Obst oder eine Portion Knabbergemüse mit eiweißreichem Dip, eine kleine Handvoll Nüsse oder ein Vollkornknäcke mit einem Stück Käse.

Auf längere Esspausen achten

Planen Sie die Zwischenmahlzeiten für die Kinder möglichst so, dass die nächste Hauptmahlzeit noch mindestens zwei Stunden entfernt ist. Sonst nimmt das Essen zwischendurch den Hunger auf das Mittag- oder Abendessen. Das kann bei ohnehin mäkeligen Essern die Lust aufs Probieren nehmen.
Und bitte verzichten Sie dabei auf Zucker- und Fettreiches wie Süßigkeiten oder Chips.

Deren Mix aus Zucker und Fett macht trotz vieler Kalorien schnell wieder hungrig und liefert keine wichtigen Nährstoffe. Man möchte nur mehr davon, das tut auf Dauer nicht gut.

Mit Hunger an den Tisch kommen

Machen Sie es zur Regel, dass es eine Stunde vor dem Essen bei Hunger nur Wasser und rohes Gemüse zum Knabbern gibt. Je kleiner die Kinder sind, desto schwerer fällt es ihnen oft zu warten, bis das Essen fertig ist. Nutzen Sie diese Chance, um Ihrem Kind etwas Gesundes wie Rohkostgemüse als „Vorspeise" anzubieten – zum Beispiel Cocktailtomaten, Gurkenscheiben und Paprikastreifen. Das stillt den ersten Hunger und versorgt die Kleinen mit wertvollen Nährstoffen, lässt aber noch Platz für das „richtige" Essen.

Erwachsene brauchen weniger

Erwachsene kommen gut ohne Zwischenmahlzeiten aus. Das garantiert dem Körper längere Esspausen – ideal sind mindestens dreieinhalb Stunden –, in denen der Stoffwechsel zur Ruhe kommt und die Nahrung optimal verarbeitet werden kann. Drei Mahlzeiten reichen also völlig. Wer etwas Gewicht verlieren möchte oder Probleme mit dem Blutzuckerspiegel hat, kommt oft sogar mit zwei Mahlzeiten und einer langen Esspause dazwischen besser zurecht – dem sogenannten Intervallfasten.

Immer bewusst essen

Ob Erwachsene oder Kinder – bitte nicht nebenbei im Laufen, im Buggy, im Auto, auf der Schaukel, am Schreibtisch, vor dem PC, vor dem Fernseher oder mit dem Mobiltelefon neben dem Teller essen, sondern immer in Ruhe und im Sitzen. So fällt es leichter, sich auf das Essen zu konzentrieren und zu merken, wann man satt ist.

Essen nicht an Gefühle koppeln

Reagieren Sie nicht auf jede Beschwerde der Kinder sofort mit Essbarem. Unser Körper ist – auch im Kindesalter – dafür gemacht, eine Zeit lang auch mal ohne Essen auszukommen. Manchmal steckt hinter ständigem Gequengel nach Essen etwas anderes, wie beispielsweise Langeweile, fehlende Aufmerksamkeit oder Frust. Besonders der regelmäßige Griff zu Süßigkeiten kann hier fatal sein. Denn diese können bei Ihrem Kind dann den Stellenwert eines Problemlösers oder einer Belohnung bekommen.

Auf den Körper hören

Auch Erwachsene sollten nicht gleich beim kleinsten Anzeichen von Hunger zu einem Snack greifen. Es gibt verschiedene Hungerarten wie Augen-, Nasen-, Mund- und Magenhunger; aber auch Hunger des Gehirns, Herzhunger oder Zellhunger, die es herauszuspüren gilt: Überlegen Sie, wann Sie zum letzten Mal etwas gegessen haben und ob es tatsächlich Hunger sein kann. Oder ob hinter dem Verlangen etwas anderes stecken könnte, zum Beispiel Übermüdung, Frust oder das Gefühl, sich für einen anstrengenden Tag belohnen zu müssen. Hier kann es hilfreich sein, sich als Alternativen zum Essen andere Strategien zu überlegen. Das kann ein kurzer Spaziergang um den Block sein, um Frust abzubauen, ein heißes Bad, um sich abends etwas zur Entspannung zu gönnen, oder ein Telefonat mit Freunden oder der Familie, um sich abzulenken. Mein Tipp: Immer, wenn Sie ein „falsches" Hungergefühl entlarvt haben und diesem entkommen sind, belohnen Sie sich selbst. Stellen Sie ein kleines Glasgefäß gut sichtbar in die Küche und belohnen Sie sich mit 50 Cent oder einem Euro für Ihre Enthaltsamkeit. Wenn das Gefäß voll ist, erfüllen Sie sich einen Wunsch wie ein Buch, ein schönes Duschgel, ein neues Kleidungsstück ...

CLEVERER VORRAT

für die gesunde Küche

Nur was man im Haus hat, kann man auch essen. Und was man erst gar nicht einkauft, landet auch nicht auf dem Teller. Mit einem Grundvorrat an gesunden Lebensmitteln sind ausgewogene Mahlzeiten schnell gezaubert.

Haben Sie schon mal von „Nudging" gehört? Das ist ein Begriff aus dem Englischen und heißt übersetzt: anstupsen. Aktuelle Studien aus der Ernährungswissenschaft zeigen, dass „Nudging" beim Thema Ernährung sehr effektiv sein kann und dabei hilft, unser Verhalten positiv zu verändern. Wie eine gesunde Ernährung aussieht, weiß fast jeder. Das Ganze dann aber im hektischen Familienalltag tagtäglich konsequent umzusetzen, ist schon etwas schwieriger.

Wenn die Zeit mal wieder knapp ist oder der kleine Hunger kommt, sind gute Vorsätze schnell über Bord geworfen. Beim Nudging geht es daher darum, möglichst viele Anreize zu schaffen, um beim Essen eine gesündere Wahl zu treffen. Das können Sie mit den folgenden Tipps auch zu Hause ganz einfach umsetzen. Eine echte Chance, dass die ganze Familie einfach gesünder isst.

→ **Legen Sie sich einen gesunden Grundvorrat an** (siehe Kasten rechts). So haben Sie immer eine gute Basis an Produkten zu Hause, um schnell eine gesunde Mahlzeit zuzubereiten.

→ **Cleveres Meal Prep lohnt sich.** Denn so warten an vollgepackten Tagen gesunde Mahlzeiten im Kühlschrank oder in der Tiefkühltruhe, die nur noch aufgewärmt oder schnell fertiggestellt werden müssen. Und der Griff zu Fertiggerichten oder der Anruf beim Pizzablitz werden unnötig. Tipps dazu finden Sie auf Seite 36.

→ **Aus den Augen, aus dem Sinn:** Süßes und Knabberzeug möglichst nicht offen in der Küche herumstehen lassen oder in die erste Reihe im Küchenschrank stellen. Fällt der Blick ständig darauf, ist die Lust aufs Naschen schnell geweckt. Deshalb besser in den Tiefen der Schränke und in einer Dose aufbewahren.

→ **Knabbergemüse offen platzieren.** Das lädt zum Zugreifen ein. Sie werden sich wundern, wie schnell eine Schale mit Knabbergemüse aufgefuttert ist, wenn sie kurz vorm Abendessen auf den Tisch kommt.

→ **Wasser als Durstlöscher** sollte immer bereitstehen – zum Beispiel in einer Karaffe auf dem Esstisch.

→ **Der gute alte Einkaufszettel** ist nützlich, um wirklich nur das zu kaufen, was man braucht, und den unzähligen Verführungen im Supermarkt zu widerstehen.

→ **Ein Speiseplan für die kommende Woche** hilft dabei, eine ausgewogene Mischung an Gerichten auf den Tisch zu bringen, spart Zeit und sorgt dafür, dass die Mahlzeiten gut zusammengestellt sind.

→ **Süße Geschenke an mehreren Tagen genießen.** An Geburtstagen, zu Nikolaus oder an Feiertagen wie Ostern bewusst nur erst ein wenig naschen, die Reste dann in die Naschkiste packen.

BASICS FÜR DIE FAMILIENKÜCHE

DOS

Mit diesen Grundprodukten im Haus können Sie viele Rezepte im Buch auch ohne lange Einkaufstouren zubereiten. Ergänzen und verändern Sie die Liste nach den Vorlieben und Bedürfnissen Ihrer Familie.

Gemüse, Obst & Produkte daraus
Frisch: Zwiebeln, Knoblauch, Kartoffeln, Äpfel, Möhren, Zitronen, Bananen, Tomaten, Zucchini, Gurke, Lauch
Tiefgekühlt: Brokkoli, Blumenkohl, Spinat, Erbsen, grüne Bohnen, Kräuter, Beeren
Getrocknet: Rosinen, Datteln, getrocknete Aprikosen, getrocknete Mango
Konserven: Tomaten, Mais, Tomatenmark, Apfelmark

Milch & Milchprodukte
Butter, Milch (z.B. Kuhmilch, ungesüßte Pflanzendrinks), Joghurt, Quark, Schnittkäse, Feta, Frischkäse

Getreide & Produkte daraus
Haferflocken, Dinkelmehl, Dinkelvollkornmehl, Weizenmehl (Type 1050), Weizenvollkornmehl, Couscous, Quinoa, Vollkorn- und Hartweizennudeln, Polenta

Hülsenfrüchte & Produkte daraus
Getrocknet: rote Linsen
Konserve: braune Linsen, weiße Bohnen, Kidneybohnen, Kichererbsen
Sonstiges: Kichererbsenmehl, Tofu, Erbsen-/Kichererbsen-/Linsennudeln

Nüsse, Samen & Kerne
Walnüsse, Haselnüsse, Mandeln, Cashewkerne, Kürbiskerne, Sonnenblumenkerne, Leinsamen, Sesamsamen, (Chiasamen)

Sonstiges
Rapsöl, Olivenöl, Essig, Miso-Paste, Salz, Gewürze, getrocknete Kräuter (z.B. Oregano), Pesto, Bio-Eier
Tiefgekühlt: Seelachsfilet, Lachsfilet

DON'TS

VERSUCHUNGEN VERMEIDEN

Von den folgenden Produkten lieber keine größeren Vorräte anlegen und nur als Ausnahme kleine Mengen zum sofortigen Verbrauch kaufen, auch wenn die Großpackung billiger ist. Denn wenn die Sachen erst mal im Haus sind, ist Widerstand meist zwecklos.

Süßes wie Süßigkeiten, Schokolade, Eis, süßes Gebäck wie Kekse oder Müsliriegel, Nuss-Nougat-Creme
Knabber- und Snackartikel wie Chips, Erdnussflips und Ähnliches
Erfrischungsgetränke wie Cola, Eistee und Limonaden
Desserts wie süße Fruchtjoghurts und Pudding
Süße Cerealien wie Honig-Pops, Knuspermüsli und Cornflakes
Fertiggerichte wie Tiefkühlpizza

Zeit sparen mit

MEAL PREP

Gute Planung und Vorkochen helfen dabei, gesunde Ernährung auch im vollgepackten Familienalltag ohne Stress umsetzen zu können. Mit diesen Tipps und Tricks funktioniert es.

Binden Sie ruhig die ganze Familie ein und lassen Sie die Kinder zum Beispiel ein Lieblingsgericht aus diesem Buch aussuchen.

Der Wochenplan

Nehmen Sie sich an einem Tag in der Woche etwas Zeit, um das Essen für die nächsten Tage zu planen. Starten Sie am besten erst mal mit dem Vorbereiten von Mahlzeiten für zwei bis drei Tage. Wenn eine Routine beim Mealpreppen entwickelt ist, können Sie wie die Profis auch gleich die ganze Woche im Voraus planen.

Die Organisation

Gehen Sie den Essensplan durch und erstellen Sie einen Zeitplan: Was lässt sich ganz (Eintopf?) oder teilweise (Nudelsauce?) vorbereiten? Wo kann eine Beilage vorbereitet und was muss frisch gemacht werden? Damit alles frisch bleibt, die Gerichte so planen, dass leicht Verderbliches und Empfindliches wie Fleisch, Fisch, Kräuter, Salat oder bestimmte Gemüse zuerst verbraucht sind.

Der Alltagscheck

Gleichen Sie Wochen- und Zeitplan mit dem Alltag ab: An welchen Tagen muss es besonders schnell gehen? Wann kann man sich mehr Zeit zum Kochen nehmen? Bringen die Kinder an manchen Tagen vielleicht Freunde mit? Bewährt haben sich auch feste Mahlzeiten an bestimmten Tagen. Zum Beispiel gibt es an einem stressigen Montag immer Suppe oder Eintopf, Dienstag ist dafür Pfannkuchentag und freitags gibt es Fisch. Das entspannt nervlich, wenn man sich nicht jede Woche neu den Kopf zerbrechen muss.

Die Einkaufsliste

Der Plan steht? Dann ist jetzt ist die Einkaufsliste dran: Kontrollieren Sie die Vorräte und schreiben Sie alles auf, was besorgt werden muss. So können Sie gleich für mehrere Tage alles Nötige besorgen – auch das spart Zeit. Ein guter Vorrat (siehe Seite 34) sorgt dafür, dass die Einkaufsliste nicht zu lang wird.

Los geht's

Unter der Woche ist wenig Zeit zum Kochen? Dann nehmen Sie sich am Wochenende ein paar Stunden Zeit, um alle oder einen Teil der Gerichte vorzukochen. In Kühlschrank oder Tiefkühlfach warten die Leckerbissen dann auf ihren Einsatz.

Gut verstaut

Damit alles lange frisch bleibt, sollten Sie für ausreichend gut schließende Vorratsdosen und -gefäße sorgen und immer wieder Platz in Kühl- und Gefrierschrank schaffen. Neben klassischen Vorratsboxen eignen sich auch verschließbare Schraub- oder Einmachgläser zum Aufbewahren.

So lange bleibt das Essen frisch

WAS?	WIE LANGE?
Rohkostsalate	1–2 Tage im Kühlschrank
Salatdressings	ca. 5 Tage im Kühlschrank
Gekochte Nudeln, Kartoffeln, Reis	ca. 2 Tage im Kühlschrank, Reis eingefroren ca. 3 Monate
Suppen und Saucen	2–3 Tage im Kühlschrank, tiefgekühlt bis zu 6 Monate
Fleischgerichte	1–2 Tage im Kühlschrank, tiefgekühlt 3–6 Monate
Fischgerichte	1 Tag im Kühlschrank, tiefgekühlt 3–4 Monate
Gemüsegerichte	2 Tage im Kühlschrank, tiefgekühlt 3–6 Monate
Desserts	1–3 Tage im Kühlschrank
Herzhaftes Gebäck	2–3 Tage im Kühlschrank
Brotaufstriche, Dips und Pestos	5–7 Tage im Kühlschrank

Süßes Gebäck (ohne Creme; wie Muffins oder Hefekuchen) → abgedeckt 3–5 Tage

Meine Meal-Prep-Hits

Diese Gerichte lassen sich super vorbereiten und warten im Kühlschrank oder in der Gefriertruhe auf ihren Einsatz – perfekt für Tage, an denen die Zeit zum Kochen mal wieder knapp ist.

Overnight-Oats → Seite 62/63
Saftiges Saatenbrot → Seite 50/51
Tomatensauce plus → Seite 126
Kerniges Low-Carb-Brot → Seite 48
Schokoladen-Granola → Seite 60
Mini-Omeletts → Seite 94
Pizzabrötchen → Seite 106
Hähnchencurry mit Gemüse → Seite 136
Herzhafte Kürbismuffins → Seite 158
Hummus mit Varianten → Seite 170
Schüttel-Dressing → Seite 90
Granola-Riegel → Seite 152
Knusper-Cracker → Seite 166
Joghurtwaffeln → Seite 142

EXTRAWÜRSTCHEN

für alle

In einer Familie ist es nicht immer einfach, alle Bedürfnisse unter einen Hut zu bekommen. Außer beim Kochen: Da bekommt mit meinen Tipps in Zukunft jeder, was er will oder braucht.

Und zwar ohne, dass Sie drei verschiedene Mahlzeiten kochen müssen. Mit kleinen Änderungen lassen sich viele Rezepte anpassen. Mit diesen Austauschtabellen geht es ganz leicht: einfach die entsprechenden Zutaten durch eine passende vegetarische oder vegane Alternative ersetzen. Auch für alle, die nicht immer vegetarisch oder vegan essen möchten, aber gesättigte Fette einsparen wollen, lohnt es sich, das ein oder andere Produkt häufiger mal durch eine pflanzliche Alternative auszutauschen.

VEGGIE-ALTERNATIVEN ZU FLEISCH & FISCH

FLEISCH & FISCH	VEGETARISCHE ALTERNATIVE	VEGANE ALTERNATIVE
Hähnchenbrustfilet	Je nach Rezept gegarte Hülsenfrüchte (z.B. in Salaten, Currys, Eintöpfen), Käse (z.B. auf Salaten), gebratener oder geräucherter Tofu, gebratener Tempeh oder vegetarische oder vegane Fertigprodukte wie „Schnitzel"	Je nach Rezept gegarte Hülsenfrüchte (z.B. in Salaten, Currys oder Eintöpfen), gebratener oder geräucherter Tofu, gebratener Tempeh oder vegane Fertigprodukte wie „Schnitzel"
Hackfleisch	Vegetarische oder vegane Hackfleisch-Alternative (Fertigprodukt), geröstete gehackte Nüsse, gegarte Hülsenfrüchte	Vegane Hackfleisch-Alternative (Fertigprodukt), geröstete gehackte Nüsse, gegarte Hülsenfrüchte
Kochschinken	Käse oder geräucherter Tofu; statt Wurst selbst gemachte Aufstriche wie Hummus (Seite 170) und Linsencreme (Seite 171)	Geräucherter Tofu; selbst gemachte Aufstriche wie Hummus (Seite 170) und Linsencreme (Seite 171)
Räucherlachs	Geräucherter Tofu	Geräucherter Tofu
Lachsfilet oder weißes Fischfilet	Je nach Rezept gegarte Hülsenfrüchte (z.B. in Salaten, Currys, Eintöpfen), Käse (z.B. auf Salaten), gebratener oder geräucherter Tofu, gebratener Tempeh oder vegetarische oder vegane Fertigprodukte wie „Schnitzel"	Je nach Rezept gegarte Hülsenfrüchte (z.B. in Salaten, Currys, Eintöpfen), gebratener oder geräucherter Tofu, gebratener Tempeh oder vegane Fertigprodukte wie „Schnitzel"

VEGANE ALTERNATIVEN ZU MILCH, EIERN & MEHR

MILCH & MILCHPRODUKTE	VEGANE ALTERNATIVE
Milch	Pflanzendrink, z.B. auf Basis von Hafer, Mandeln, Reis, Soja oder Nüssen. Ein Rezept für selbst gemachten Haferdrink finden Sie auf Seite 169
Butter	Je nach Verwendung Öle wie Oliven-, Raps- oder natives Kokosöl
Schlagsahne	Pflanzliche Alternativen auf Basis von Soja, Hafer oder Mandeln zum Kochen oder Aufschlagen. Lässt sich auch prima selbst machen – mit unserem Rezept für selbst gemachte Cashewsahne auf Seite 168.
Joghurt, Quark, Crème fraîche, saure Sahne	Pflanzliche Alternativen auf Basis von Soja, Hafer, Kokos, Mandeln oder Ähnlichem; für Desserts und Kuchenfüllungen lassen sich Joghurt und Quark auch gut durch Seidentofu ersetzen, je nach Rezept evtl. mit Zitronensaft etwas säuern
Käse	Je nach Zweck pflanzliche Alternativen – viele Varianten aus dem Bio-Laden, die sich zum Überbacken, für Saucen und mehr eignen. Als Brotbelag ist gewürzter Tofu eine gute Alternative, als Topping für Pastagerichte ein Mix aus Mandeln und Hefeflocken

WEITERE LEBENSMITTEL	VEGANE ALTERNATIVE
Honig	Zucker, Ahornsirup, Agavendicksaft, selbst gemachter Dattelkaramell (siehe Seite 175)
Mayonnaise, Salatcreme	Soja- oder Tofunaise
Pesto mit Käse	Selbst gemachtes oder gekauftes Pesto ohne Käse
Eier	Für eine Rührei-Alternative Seidentofu oder weichen Tofu verwenden. In „Eiersalat" können angedrückte Kichererbsen das Ei ersetzen. Bei Pfannkuchen- oder Rührteig je 1 Ei durch ein „Leinsamen-Ei" ersetzen: Dafür 1 EL geschroteten Leinsamen mit 3 EL heißem Wasser etwa 20 Minuten quellen lassen und komplett dazugeben Für den Ei-Geschmack in herzhaften Gerichten das indische Steinsalz „Kala Namak" verwenden
Speiseeis	Selbst gemachtes Eis und Sorbet. Rezepte dafür finden Sie ab Seite 150

DARF'S ETWAS MEHR
oder lieber etwas weniger sein?

Extra kochen, weil einer in der Familie beim Essen kürzertreten will und der andere fünfmal in der Woche zum Sport geht und Bärenhunger hat? Das können Sie sich sparen – so kommen alle auch ohne Extra-Kochen auf ihre Kosten.

Nicht alle Familienmitglieder haben den gleichen Energiebedarf. So können Teenager im Wachstum oder besonders sportliche Menschen oft ein bisschen mehr vertragen. Wer sich dagegen wenig bewegt oder Erwachsene, die auf ihr Gewicht achten wollen, sind mit leichteren Mahlzeiten besser bedient. So lassen sich Gerichte einfach anpassen:

Für alle, die mehr Energie brauchen

→ Zusätzlich geröstete Nüsse, Samen oder Kerne über Suppen, Salate, Gemüsegerichte, Porridge oder Overnight-Oats streuen.

→ 1 bis 2 TL hochwertiges kalt gepresstes Olivenöl über herzhafte Suppen, Salate oder Gemüsegerichte träufeln.

→ Etwas mehr langsam verdauliche Kohlenhydrate zu den Mahlzeiten reichen, zum Beispiel 1 bis 2 Scheiben Vollkornbrot oder -knäcke zu Salaten, Suppen oder Eiergerichten. Gleichzeitig die Portionen von kohlenhydratreichen Beilagen oder Mahlzeitenkomponenten wie Nudeln, Hirse oder Kartoffeln erhöhen.

→ Einen gesunden Snack nach dem Sport essen (z.B. Quarkspeise oder Müsliriegel).

→ Zusätzlich ein gesundes Dessert oder einen süßen Snack direkt nach dem Mittag- oder Abendessen genießen.

Für alle, die weniger Energie brauchen

→ Als Vorspeise eine Portion Beilagensalat mit Schüttel-Dressing (siehe Seite 90) oder Knabbergemüse mit Dip (siehe Seite 162) verzehren. Das füllt den Magen bereits auf gesunde, aber leichte Art.

→ Den Anteil der Kohlenhydrate bei den Mahlzeiten reduzieren, das heißt, weniger oder gar keine kohlenhydratreichen Beilagen oder Mahlzeitenkomponenten wie Nudeln, Hirse, Kartoffeln oder Brot servieren und stattdessen den Gemüse- oder Salatanteil erhöhen.

→ Darauf achten, dass bei jeder Mahlzeit sättigendes, mageres Eiweiß dabei ist – das kann in Form von Quark, Tofu, Hähnchen- oder Fischfilet erfolgen.

→ Möglichst lange Esspausen einhalten, das heißt, auf Snacks und Zwischenmahlzeiten verzichten und eventuell Intervallfasten praktizieren (für Erwachsene: z.B. 16 Stunden Pause und zwei bis drei Mahlzeiten innerhalb von acht Stunden verzehren).

→ Süßes wie Desserts und Gebäck nur in kleinen Portionen und am besten immer nur direkt nach einer Hauptmahlzeit genießen. Auf gesüßte Getränke wie Fruchtsäfte ganz verzichten – alles Wichtige zum Thema Trinken finden Sie ab Seite 27.

SO SCHMECKT'S KLEINEN KINDERN

Rund um den ersten Geburtstag sind Kinder bereit, am Familientisch mitzuessen. Mit ein paar kleinen Anpassungen können Sie alle normalen Mahlzeiten genießen. Und so geht's:

→ **Achtung, Verschluckgefahr!** Vorsicht bei kleinen, runden harten Lebensmitteln wie Nüssen, Blaubeeren, Weintrauben oder Cocktailtomaten. Hier können sich kleine Kinder leicht verschlucken. Daher Nüsse besser klein hacken oder mahlen, Obst und Gemüse halbieren oder vierteln.

→ **Zurückhalten mit Salz.** Das Essen für Kleinkinder nur sparsam salzen und nicht zu stark oder zu scharf würzen. Dazu entweder eine Portion abnehmen, bevor das restliche Essen für die übrige Familie gewürzt wird, oder die übrige Familie würzt am Tisch nach.

→ **Fertig zum Aufgabeln!** Mundgerecht serviert können auch die Kleinsten schon selbst mit der Gabel oder dem Löffel essen. Fleisch, festere Gemüsesorten, Kartoffeln oder Ähnliches daher in kleine Stücke schneiden.

→ **Minis lieben es mini!** Aufläufe zum Beispiel in kleinen Förmchen als Einzelportionen backen. Macht nur unwesentlich mehr Aufwand, kommt bei Kindern aber super an.

→ **Do it yourself:** Kinder lieben es, wenn sie selbst Parmesan über Nudeln oder Kräuter über ihr Essen streuen dürfen – diese Toppings extra servieren.

→ **Kinder lieben Ordnung** auf dem Teller, mischen wollen sie dann lieber selbst. Die Komponenten eines Gerichts deshalb besser getrennt anrichten.

→ **Fingerfood kommt immer gut an.** Statt Salat Knabbergemüse mit Dip servieren oder Gemüse auf Holzspieße stecken.

→ **Das Auge isst mit.** Kinder sind begeistert, wenn das Essen hübsch aussieht. Wieso nicht mal ab und zu die Gurke mit einem Keksausstecher in Herzform bringen, aus Rohkost und Schnittlauchhalmen ein Gesicht auf das Käsebrot legen oder das Radieschen zur Maus schnitzen?

10 Tipps für entspannte

FAMILIEN-MAHLZEITEN

Der Esstisch ist traditionell der wichtigste Familientreffpunkt im Alltag. Mit diesen Tipps werden die Mahlzeiten für alle zum Genuss und fördern gesunde Gewohnheiten.

Essen ist nicht nur reine Kalorien- und Nährstoffaufnahme, es besitzt auch eine wichtige soziale Funktion. Bei den Mahlzeiten trifft sich die Familie, hier wird geredet, gelacht oder auch mal gestritten. Das verbindet, schafft Gemeinschaft und kommt bei Kindern gut an, wie Studien zeigen. Auch wenn es im Alltag oft nicht einfach ist: Versuchen Sie, zumindest eine Familienmahlzeit am Tag zu einem festen Ritual werden zu lassen. Damit das gemeinsame Essen allen Spaß macht, sind Tischregeln sinnvoll. Keine Angst, es geht nicht darum, dass schon Kleinkinder ordentlich mit Messer und Gabel essen. Ziel ist vielmehr eine gute Atmosphäre beim Essen.

Vorbild sein

Kinder schauen sich das Verhalten der Eltern ab. Versuchen Sie also, ein möglichst gutes Vorbild zu sein und sich selbst an die Regeln zu halten. Kinder registrieren ganz genau, wenn Smartphones am Tisch eigentlich verboten sind, die Erwachsenen aber trotzdem noch schnell ihre E-Mails checken müssen, oder Mama und Papa selbst beim Rohkostteller nicht so gerne zugreifen.

Schaffen Sie Rituale

Regelmäßigkeit gibt besonders kleinen Kindern Sicherheit im Alltag. Feste Essenszeiten sind daher sinnvoll. Beginnen Sie die Mahlzeiten gemeinsam, zum Beispiel mit einem Reim oder Spruch, den Kinder oft aus dem Kindergarten mitbringen oder indem sich alle einen guten Appetit wünschen. Und beenden Sie das Essen auch gemeinsam. Damit nicht täglich alles wieder neu diskutiert werden muss, ist es hilfreich, einige Sachen festzulegen. Beispielsweise vermeidet ein Stammplatz am Tisch besonders bei Familien mit mehreren Kindern Streit um den besten Platz. Auch ein festgelegter Plan, wer wann beim Tischdecken und Abräumen hilft, bringt Ruhe ins Familienleben.

Ablenkungen meiden

Damit sich alle auf das Essen konzentrieren können und Gespräche entstehen, sollten Smartphones, Tablets, Fernsehen, aber auch Spielzeug, Zeitungen oder Bücher bei Tisch nichts zu suchen haben. Wenn jeder mit etwas anderem beschäftigt ist, entsteht keine Gemeinsamkeit.

Kein Tellerservice

Damit nicht ständig jemand aufstehen muss, ist es praktisch, Schüsseln und Platten auf den Tisch zu stellen, von denen sich alle bedienen können. Das hilft Kindern auch zu lernen, die richtige Portionsgröße einzuschätzen.

Jeder darf mitreden

Natürlich sollten die Eltern das große Ganze bei der Ernährung im Blick haben und dafür sorgen, dass eine ausgewogene Mischung auf den Tisch kommt. Wenn jedes Familienmitglied beim Speiseplan mitreden darf, sind die Zufriedenheit am Tisch und die Akzeptanz des Essens jedoch höher. Am besten erfolgt das altersgerecht. So können Sie kleineren Kindern die Möglichkeit geben, zwischen zwei Alternativen zu wählen oder zu entscheiden, ob es Nudeln oder Kartoffeln als Beilage gibt.

Keine Probleme wälzen

Schwierige Themen wie schlechte Schulnoten, Sorgen bei der Arbeit oder Ähnliches sollten Sie besser auf einen anderen Zeitpunkt vertagen und dafür „Leichteres" am Tisch besprechen. So verbinden Kinder die Mahlzeiten mit einem guten Gefühl.

Essen ist Essen

Setzen Sie es nicht als Druckmittel, Belohnung oder Strafe ein – nach dem Motto „Weil du heute Mittag nicht aufgeräumt hast, gibt's auch keinen Nachtisch" oder „Weil du eine Eins in Mathe hast, gibt's heute Hamburger mit Pommes". Das koppelt das Essen an Gefühle und lädt es mit einer Bedeutung auf, die zu emotionalem Essen führen kann. Meines Erachtens ist das ein ursächliches Problem für Übergewicht und Adipositas in der heutigen Zeit.

Kleckern erlaubt

Natürlich geht beim Essen mit Kindern auch mal was daneben – kein Grund zum Schimpfen, außer wenn Missgeschicke durch ständiges Rumzappeln, Streitereien unter Geschwistern oder Ähnliches passieren. Versuchen Sie besser, die Essumgebung so zu gestalten, dass kleine Unglücke keinen großen Schaden anrichten – verwenden Sie beispielsweise für Kleinkinder abwaschbare Unterlagen.

Alle essen das Gleiche

Damit Kinder zu aufgeschlossenen Essern werden, ist es sinnvoll, dass es eine Mahlzeit für alle gibt – und nicht jeder eine Extrawurst bekommt, weil zum Beispiel einer keine Erbsen mag oder der andere Spinat eklig findet. Natürlich sollten dabei spezielle Bedürfnisse berücksichtigt werden, etwa wenn eine Unverträglichkeit gegen bestimmte Lebensmittel besteht, wenn ein Familienmitglied abnehmen oder rein pflanzlich essen will. Mit den Tabellen auf den Seiten 38 und 39 können Sie Mahlzeiten ohne großen Aufwand an spezielle Bedürfnisse anpassen.

Einfach kochen mit Spaß statt Stress!

Meine grünen REZEPTE

Familienküche leicht gemacht: mit mehr als 80 Easy-going-Rezepten, die allen schmecken und den aktuellen Empfehlungen für eine gesunde Ernährung entsprechen. In der Hauptrolle: jede Menge Gemüse, dazu eine gute Portion Eiweiß aus pflanzlichen Lebensmitteln, Milchprodukten, Eiern, Fleisch oder Fisch sowie gesunde Fette und gute Kohlenhydrate, die lange satt machen. Da findet garantiert jeder in der Familie seine ganz persönlichen Lieblingsgerichte.

Damit fängt der Tag gut an

AUF DIESES FRÜHSTÜCK FREUEN SICH ALLE

Egal, mit welchem Fuß Ihre Familie aufgestanden ist: Mit einem ausgewogenen Frühstück steht einem guten Start in den Tag nichts mehr im Weg. Von der gesunden Stulle über Overnight-Oats bis zum Trinkmüsli für Morgenmuffel ist für jeden Geschmack etwas dabei. Und für was Sie sich auch entscheiden: Alle bekommen auf jeden Fall genug Energie für einen aktiven Tag!

Kerniges
LOW-CARB-BROT

FÜR 1 KASTENFORM (25 cm Länge; ca. 16 Scheiben)

ZUBEREITUNG: 20 Min. | QUELLEN: 12 Std. (über Nacht) | BACKEN: 1 Stunde

50 g Chiasamen
75 g Mandeln
75 g Walnusskerne
100 g Kürbiskerne
100 g geschrotete Leinsamen
30 g gemahlene Flohsamenschalen
50 g geschälte Hanfsamen
1½ TL Salz
2 EL Rapsöl

PRO SCHEIBE ca. 160 kcal, 7 g EW, 14 g F, 1 g KH, 6 g BST

1 Am Vortag die Form mit Backpapier auslegen. Im Blitzhacker 30 g Chiasamen zu Mehl fein zermahlen. Mandeln, Walnüsse und Kürbiskerne in einer Pfanne ohne Fett leicht rösten, herausnehmen und abkühlen lassen, dann grob hacken. Das Chiamehl und den gerösteten Nuss-Mix mit den übrigen trockenen Zutaten in einer Rührschüssel mischen.

2 In einem Topf das Öl mit 300 ml Wasser unter Rühren lauwarm erhitzen und zu den trockenen Zutaten geben. Alles mit einem Rührlöffel so lange verrühren, bis es sich gut verbunden hat. Die Brotmasse in die Form füllen, glatt streichen und bei Zimmertemperatur abgedeckt etwa 12 Stunden, am besten über Nacht, quellen lassen.

3 Am nächsten Tag den Backofen auf 180 °C vorheizen. Ein Backblech mit Backpapier belegen. Das Brot im Ofen auf der 2. Schiene von unten etwa 30 Minuten backen. Das Brot herausnehmen, mithilfe des Backpapiers aus der Form lösen, auf das Blech setzen und im Ofen noch etwa 30 Minuten backen.

4 Das Brot herausnehmen und auf einem Kuchengitter abkühlen lassen. Gut verpackt bleibt es mindestens 5 Tage saftig. In Scheiben geschnitten lässt es sich super einfrieren.

GESUNDHEITSTIPP

Chiasamen sind reich an gesunden Omega-3-Fettsäuren, Pflanzeneiweiß und Ballaststoffen. Sobald sie mit Flüssigkeit in Verbindung kommen, quellen sie stark auf. Das macht sie zur idealen Zutat für Kuchen oder Brot, aber auch für eine gesunde Blitz-Konfitüre, die mit wenig zugesetzter Süße auskommt (siehe Seite 175).

VEGAN · GLUTENFREI · LAKTOSEFREI · MEAL PREP

Das super Power-Brot

GUTEN MORGEN

Genialer Streich: ein einfaches Basisbrotrezept mit wenigen Kohlenhydraten, aber vielen Nährstoffen und jeder Menge cleverer Ideen für den Belag. Da ist am Frühstückstisch garantiert für jeden und jeden Geschmack etwas dabei!

GESUNDHEITSTIPP

Hier liefert der Zutaten-Mix jede Menge Ballaststoffe, gesunde Fette und Eiweiß. Deshalb macht das Saatenbrot im Gegensatz zu herkömmlichen Broten besonders lange satt, ohne den Blutzuckerspiegel mit schnellen Kohlenhydraten zu belasten.

SAFTIGES SAATENBROT

mit Möhren

FÜR 1 KASTENFORM (25 cm Länge; ca. 30 Scheiben) | ZUBEREITUNG: 15 Min. | BACKEN: 1 ½ Std.

- 50 g glutenfreie Haferflocken
- 100 g gemahlene Haselnusskerne
- 50 g Kichererbsenmehl
- 150 g Leinsamen
- 55 g Sonnenblumenkerne
- 30 g Chiasamen
- 1 TL Salz
- 150 g Möhren
- 250 g Magerquark
- 4 Eier (Größe M)
- 50 g ganze Haselnusskerne

PRO SCHEIBE ca. 95 kcal, 5 g EW, 7 g F, 3 g KH, 3 g BST

1 Den Backofen auf 150 °C Umluft (Ober-/Unterhitze nicht empfehlenswert) vorheizen. Die Form mit Backpapier auslegen. Ein Backblech ebenfalls mit Backpapier belegen.

2 Die Haferflocken im Blitzhacker fein zermahlen. Mit gemahlenen Nüssen, Kichererbsenmehl, Leinsamen, Sonnenblumenkernen, Chiasamen und Salz in einer Rührschüssel mischen.

3 Die Möhren putzen, schälen und auf der Gemüsereibe grob raspeln. Den Quark mit den Eiern glatt rühren und mit den Möhrenraspeln unter den Haferflocken-Mix geben. Alles gut verrühren, zuletzt die ganzen Nüsse dazugeben und kurz unterheben.

4 Den Teig in die Form füllen, glatt streichen und im Ofen auf der mittleren Schiene etwa 1 Stunde backen. Das Brot herausnehmen, mithilfe des Backpapiers aus der Form lösen, auf das Blech setzen und im Ofen noch etwa 30 Minuten backen.

5 Das Brot aus dem Ofen nehmen und auf einem Kuchengitter vollständig abkühlen lassen, erst dann anschneiden. Es lässt sich auch einfrieren – dazu einfach in Scheiben schneiden und bei Bedarf im Toaster aufbacken.

VEGETARISCH · GLUTENFREI · MEAL PREP

Und was soll

DRAUF?

Herzhafte Ideen

Banana-Toast

Brotscheibe toasten, mit Erdnuss-, Mandel- oder ungesüßtem Nussmus bestreichen, mit Bananenscheiben belegen und mit etwas Kakaopulver bestäuben.

Beeren-Schnitte

Brotscheibe mit Schoko-Nuss-Creme (siehe Seite 172) bestreichen, mit Erdbeeren in Scheiben belegen und mit geschälten Hanfsamen bestreuen.

Avocado-Toast

Brot toasten, mit ¼ Avocado in Spalten und einigen halbierten Cocktailtomaten belegen. Mit etwas Salz und Pfeffer aus der Mühle würzen und mit geschälten Hanfsamen bestreuen.

Erbsen-Stulle

2 EL tiefgekühlte Erbsen mit heißem Wasser überbrühen, kurz ziehen lassen, dann abgießen. Mit 1 EL Doppelrahmfrischkäse und 1 Spritzer Zitronensaft in einer Schüssel zerdrücken. Auf das Brot streichen.

Power-Brot

Brotscheibe mit 1 bis 2 EL Magerquark bestreichen und mit 1 Klecks Chia-Konfitüre (siehe Seite 173) oder anderer zuckerarmen Konfitüre toppen.

Da sehen die üblichen Marmeladen- und Wurstbrote alt aus: So bunt und gesund können belegte Schnitten sein – perfekt zum Frühstück, aber auch für die Pause oder als Abendbrot.

Hummus-Brot

Brot mit Hummus (siehe Seite 170) bestreichen. Mit Räuchertofuscheiben und dünn gehobelten Radieschenscheiben belegen.

Winter-Toast

Brotscheibe mit Mandelmus bestreichen und mit Orangenscheiben oder Mandarinenschnitzen belegen. Mit etwas Zimtpulver bestäuben.

Mango-Stulle

Brotscheibe toasten, mit 1 bis 2 EL körnigem Frischkäse (Hüttenkäse) bestreichen und mit 2 bis 3 Mangospalten belegen.

Feta-Schnitte

Brotscheibe mit dem Feta-Dip von Seite 162 bestreichen und mit Gurkenscheiben belegen.

Käse-Toast

Brotscheibe toasten, dünn mit Tomatenmark bestreichen und mit 1 Scheibe Käse belegen.

Süße Ideen

Über-Nacht-DINKELECKEN

FÜR 8 STÜCK | ZUBEREITUNG: 30 Min. | GEHEN: 12 Std. 50 Min. | BACKEN: 25 Min.

120 g Dinkel
250 g Dinkelmehl (Type 630)
250 g Dinkelvollkornmehl
2 Päckchen Trockenhefe
50 g Leinsamen
25 g helle Sesamsamen
150 g Kürbiskerne
1 gehäufter TL Salz
1 TL Ahornsirup
Mehl für die Arbeitsfläche

PRO STÜCK ca. 365 kcal, 17 g EW, 10 g F, 52 g KH, 9 g BST

1 Am Vortag die Dinkelkörner im Blitzhacker zu Schrot zerkleinern. Beide Mehlsorten mit Hefe, Leinsamen, Sesam, 75 g Kürbiskernen, Salz und Dinkelschrot in einer Rührschüssel mischen.

2 In einem Topf 320 ml Wasser mit dem Ahornsirup lauwarm erhitzen und zur Mehlmischung geben. Alles erst mit den Knethaken des Handrührgeräts oder der Küchenmaschine, dann mit den Händen zu einem weichen Teig verkneten. Erst abgedeckt an einem warmen Ort etwa 30 Minuten gehen lassen. Anschließend abgedeckt im Kühlschrank etwa 12 Stunden, am besten über Nacht, ruhen lassen.

3 Am nächsten Tag den Teig etwa 20 Minuten Zimmertemperatur annehmen lassen. Den Teig auf leicht bemehlter Arbeitsfläche kurz durchkneten, zur Kugel formen und zu einem Kreis (ca. 20 cm Durchmesser) flach drücken. Den Kreis in 8 Stücke schneiden. Jedes Stück mit Wasser bestreichen, mit der bestrichenen Seite in die übrigen Kürbiskerne drücken und nebeneinander auf das Blech legen. Die Dinkelecken abgedeckt noch etwa 20 Minuten gehen lassen.

4 Den Backofen auf 200 °C (180 °C Umluft) vorheizen. Die Dinkelecken im Ofen auf der mittleren Schiene etwa 25 Minuten backen. Herausnehmen und abkühlen lassen.

VARIANTE

Abwechslung gefällig? Dann geben Sie nur 75 g Kürbiskerne in den Teig und toppen Sie die Dinkelecken mit 75 g Mohnsamen, Sesamsamen, Sonnenblumenkernen, Chiasamen oder Haferflocken – ganz nach Laune und Geschmack.

VEGETARISCH · LAKTOSEFREI · MEAL PREP

FRÜHSTÜCKS-WRAPS

mit Hummus

FÜR 4 PERSONEN | ZUBEREITUNG: 30 Min.

2 Möhren
125 g Hummus (siehe Seite 170 oder Fertigprodukt)
Salz | Pfeffer aus der Mühle
4 Eier (Größe M)
2 TL Rapsöl
50 g Baby-Salatmischung oder Rucola
4 Vollkorn-Tortillafladen

PRO PORTION ca. 310 kcal, 13 g EW, 16 g F, 23 g KH, 6 g BST

1 Die Möhren putzen, schälen und auf der Gemüsereibe grob raspeln. Mit dem Hummus verrühren und die Mischung mit Salz und Pfeffer abschmecken.

2 Die Eier mit 1 TL Öl verquirlen, mit Salz und Pfeffer würzen. Eine beschichtete Pfanne (ca. 20 cm Durchmesser) nach und nach mit dem übrigen Öl einfetten. Jeweils ein Viertel der Eiermasse darin durch Schwenken gleichmäßig dünn verteilen und etwa 2 Minuten backen. Das Omelett wenden, noch 1 bis 2 Minuten backen und herausnehmen. Auf diese Weise 4 dünne Omeletts backen.

3 Währenddessen den Salat verlesen, waschen und trocken tupfen. Die Tortillafladen in der Pfanne kurz erwärmen. Jeweils mit einem Viertel des Möhren-Hummus bestreichen und mit 1 Omelett belegen. Den Salat darauf verteilen, den Wrap kompakt aufrollen und zum Servieren schräg halbieren.

VARIANTE

Für eine glutenfreie Wrap-Alternative können Sie einfach Linsenfladen backen: Für 4 Stück 150 g rotes Linsenmehl mit ½ TL Salz in einer Rührschüssel mischen. Nach und nach 160 ml Wasser mit einem Schneebesen unterrühren, sodass ein zähflüssiger Teig entsteht. Den Teig abgedeckt etwa 20 Minuten quellen lassen. Dann jeweils etwas Öl in einer beschichteten Pfanne (ca. 20 cm Durchmesser) erhitzen und pro Wrap 1 kleine Schöpfkelle Teig darin verteilen. Bei mittlerer Hitze 3 bis 4 Minuten backen, wenden und noch 2 bis 3 Minuten backen. Herausnehmen und abgedeckt warm halten (sonst lassen sie sich nicht gut rollen).

VEGETARISCH | LAKTOSEFREI | MEAL PREP | KINDERLEICHT

TIPP

Die Wraps können Sie schon am Vorabend zubereiten und in Frischhaltefolie gewickelt im Kühlschrank aufbewahren. Sie eignen sich auch gut zum Mitnehmen – einfach verpacken und in eine Pausen- oder Lunchbox stecken.

Porridge ist gesund und schnell gemacht. Besonders praktisch: Man kann ihn auch für zwei Tage vorkochen und dann entweder morgens kalt löffeln oder kurz in der Mikrowelle erwärmen.

Porridge ist ungeheuer wandelbar. Er schmeckt süß, aber auch herzhaft mit Gemüse und Kräutern. Na, was wird die Lieblingsvariante Ihrer Familie?

BASISREZEPT

VEGETARISCH | GLUTENFREI | MEAL PREP | SCHNELL

FÜR 4 PERSONEN | ZUBEREITUNG: 15 Min.

160 g feine oder kernige glutenfreie Haferflocken
25 g geschroteter Leinsamen
1 TL Vanilleextrakt
Salz
600 ml Milch (3,5% Fett; ersatzweise ungesüßter Pflanzendrink)
Topping nach Wahl: etwas Obst, gehackte Nusskerne und Saaten, wenig Ahornsirup oder anderes Süßungsmittel zum Servieren

PRO PORTION (OHNE TOPPING) ca. 260 kcal, 12 g EW, 10 g F, 31 g KH, 6 g BST

Die Haferflocken mit Leinsamen, Vanilleextrakt, 1 Prise Salz, der Milch und ¼ l Wasser in einem Topf aufkochen. Dann unter Rühren so lange köcheln lassen, bis die Masse andickt. Den Porridge auf Schalen verteilen, nach Belieben toppen und servieren.

Porridge-Ideen

Mit Rübli

2 Möhren putzen, schälen und auf der Gemüsereibe fein raspeln. Mit ½ TL Zimtpulver unter den fertigen Porridge mischen. 4 TL Mandelmus mit 1 TL Zitronensaft glatt rühren und ebenfalls darauf verteilen. Mit 1 TL gerösteten Mandelstiften bestreuen.

Mit Spinat

Den Porridge mit Quinoaflocken statt Haferflocken, mit hellen Sesamsamen statt Leinsamen und ¼ l glutenfreier Gemüsebrühe statt Wasser kochen. 200 g jungen Spinat verlesen, waschen und trocken tupfen, dann in 1 TL Öl unter Wenden etwa 2 Minuten zusammenfallen lassen. 200 g Cocktailtomaten waschen und halbieren. Beides auf dem Porridge anrichten, nach Belieben noch jeweils 1 wachsweich gekochtes Ei daraufsetzen.

Mit Bratapfel

Zusätzlich 2 EL Rosinen und 1 TL Zimtpulver in die Porridgemischung geben und darin mitgaren. 2 Äpfel waschen, vierteln, entkernen und klein würfeln. Die Apfelwürfel in einer Pfanne in 1 TL Rapsöl unter Wenden etwa 2 Minuten anbraten, 2 EL Wasser dazugeben und die Äpfel mit geschlossenem Deckel 3 bis 4 Minuten weich garen. Den Porridge damit toppen.

Mit Beeren

Den Porridge statt mit Haferflocken mit Hirseflocken zubereiten und 200 g Magerquark unterheben. Mit frischen oder tiefgekühlten gemischten Beeren toppen. Nach Belieben mit Minzeblättern garnieren.

Schokoladen-GRANOLA

FÜR CA. 20 PORTIONEN | ZUBEREITUNG: 15 Min. | BACKEN: 45 Min.

50 g Mandeln
50 g Haselnusskerne
70 g Kokosraspel
50 g vegane Zartbitterschokolade
100 ml Rapsöl
80 g Ahornsirup
20 g ungesüßtes Kakaopulver
Salz
250 g 5-Korn-Flocken
25 g gepuffte Quinoa (oder Soja-Crispies – dann ist es noch eiweißreicher)

PRO PORTION ca. 170 kcal, 3 g EW, 12 g F, 12 g KH, 3 g BST

1 Den Backofen auf 160 °C (140 °C Umluft) vorheizen. Ein Backblech mit Backpapier belegen. Die Mandeln mit Nüssen und Kokosraspeln auf dem Blech verteilen und im Ofen auf der mittleren Schiene etwa 10 Minuten auf Sicht rösten (Achtung, die Kokosraspel dürfen nicht zu dunkel werden!). Den Mix herausnehmen und kurz abkühlen lassen, dann alles im Blitzhacker zerkleinern.

2 Schokolade grob hacken. Das Öl in einem Topf mit Schokolade, Sirup, Kakao und 1 Prise Salz unter Rühren so lange erhitzen, bis sich alles verbunden hat. Flocken, Quinoa-Pops und Nuss-Kokos-Mix dazugeben und alles gründlich mischen. Die Flocken sollten rundum mit der Mischung überzogen sein.

3 Die Masse auf dem Blech verteilen und im Ofen auf der mittleren Schiene etwa 35 Minuten backen. Dabei nach etwa 20 Minuten einmal gut durchrühren, damit alles gleichmäßig backt. Den Ofen am Ende gut im Auge behalten, damit das Granola nicht verbrennt. Das Granola herausnehmen und vollständig abkühlen lassen, in ein Vorratsglas umfüllen.

4 Zum Frühstück portionsweise mit Milch, ungesüßtem Pflanzendrink, Naturjoghurt oder Quark und frischen Früchten anrichten.

GESUNDHEITSTIPP

Anders als gekauftes Granola und Knuspermüsli enthält die selbst gemachte Variante gesündere Fette, mehr Ballaststoffe und keinen raffinierten Zucker. Die sanfte Süße ist vielleicht gewöhnungsbedürftig, wenn Ihre Familie Fertigmüsli gewöhnt ist. Denn wie süß uns süß genug ist, ist Gewohnheitssache (siehe Seite 24).

VEGAN | LAKTOSEFREI | MEAL PREP

FAMILIA WISS®

Besser geht es kaum!

OVERNIGHT-OATS

Das Frühstück abends anrühren, im Kühlschrank „parken“ und am nächsten Morgen ganz entspannt genießen. Das Basisrezept lässt sich nach Lust und Laune immer wieder neu variieren, so kommt garantiert keine Langeweile auf. Das Beste: Durch das Aufquellen über Nacht werden die Flocken auch noch bekömmlicher.

VEGETARISCH · GLUTENFREI · MEAL PREP · KINDERLEICHT

BASISREZEPT

FÜR 4 PERSONEN | ZUBEREITUNG: 15 Min. | QUELLEN: 12 Std. (über Nacht)

160 g feine oder kernige glutenfreie Haferflocken (mit feinen Flocken wird die Mischung cremiger, mit kernigen behält sie etwas Biss)
480 ml Flüssigkeit nach Wahl (z. B. Milch, ungesüßter Pflanzendrink, Wasser, Fruchtsaft oder eine Mischung daraus)
75 g Nusskerne, Kerne oder Trockenfrüchte (oder eine Mischung daraus)
300 g frisches Obst nach Wahl

PRO PORTION ca. 355 kcal, 12 g EW, 18 g F, 35 g KH, 6 g BST

1 Am Vorabend die Haferflocken mit der Flüssigkeit und nach Belieben mit etwas Ahornsirup oder einem anderen Süßungsmittel in einer Rührschüssel mischen. Auf vier Schraubgläser oder Schalen verteilen. Nüsse, Kerne oder Trockenfrüchte je nach Sorte klein hacken oder schneiden und auf dem Flocken-Mix verteilen. Abgedeckt im Kühlschrank etwa 12 Stunden, am besten über Nacht, quellen lassen.

2 Am nächsten Morgen frische Früchte waschen und in mundgerechte Stücke schneiden. Auf den Overnight-Oats verteilen. Das Basisrezept hält sich im Kühlschrank abgedeckt mindestens 2 Tage frisch – es lohnt sich also, gleich die doppelte Menge zuzubereiten und für mehrere Tage vorzusorgen. Frische Früchte dabei immer erst zum Servieren dazugeben.

Leckere Varianten

Cheesecake-Oats

Die Flockenmischung mit 250 g Magerquark, ¼ l Flüssigkeit nach Wahl und 1 TL abgeriebener Bio-Zitronenschale zubereiten. Zum Servieren mit 300 g Beeren nach Wahl toppen.

Schoko-Erdnuss-Oats

Zusätzlich 3 bis 4 TL ungesüßtes Kakaopulver unter den Flocken-Mix rühren und die Oats mit 30 g gehackter Zartbitterschokolade und 40 g gerösteten, gehackten Erdnusskernen toppen.

Kokos-Mango-Oats

Die Flockenmischung mit 250 g veganem Kokosjoghurt, ¼ l Kokoswasser und 30 g Kokosraspeln zubereiten. Vor dem Servieren mit 200 g Mangowürfeln toppen.

Crunchy Banana Oats

1 reife Banane mit 300 g Joghurt (3,5% Fett; ersatzweise pflanzlicher Joghurt-Alternative) und 100 ml Milch (3,5% Fett; ersatzweise ungesüßtem Pflanzendrink) pürieren und die Flocken damit anrühren. Zum Servieren mit 1 Banane in Scheiben und je 1 EL Cornflakes toppen .

Herzhafte SUPER-WAFFELN

FÜR 4 PERSONEN | ZUBEREITUNG: 20 Min. | QUELLEN: 20 Min.

1 EL geschrotete Leinsamen
200 g tiefgekühlte Erbsen
5 Stiele Basilikum
175 g Dinkelvollkornmehl
2 TL Backpulver
3/4 TL Salz | Pfeffer aus der Mühle
75 ml Mineralwasser
1 EL Apfelessig
Öl für das Waffeleisen
250 g Cocktailtomaten
200 g körniger Frischkäse (Hüttenkäse)

PRO PORTION ca. 265 kcal, 17 g EW, 5 g F, 38 g KH, 8 g BST

1 Die Leinsamen mit 3 EL heißem Wasser verrühren und etwa 20 Minuten quellen lassen. Inzwischen die Erbsen mit kochend heißem Wasser überbrühen, kurz ziehen lassen, dann in ein Sieb abgießen und gut abtropfen lassen. Basilikum waschen, trocken tupfen, Blätter abzupfen, einige beiseitelegen.

2 Das Mehl, Backpulver, Salz, etwas Pfeffer, eingeweichten Leinsamen, Erbsen, übriges Basilikum, Mineralwasser und Essig in den Standmixer geben. Alles zu einem glatten, dickflüssigen Teig pürieren. Bei Bedarf noch etwas Mineralwasser untermixen.

3 Ein Herz-Waffeleisen vorheizen, die Backflächen mit Öl einfetten. Pro Waffel etwa 2 EL Teig in das Eisen geben und 4 bis 5 Minuten goldbraun backen. Dann die Waffel herausnehmen und mit einem sauberen Küchentuch abgedeckt warm halten. Aus dem übrigen Teig auf die gleiche Weise etwa 7 weitere Waffeln backen.

4 Inzwischen die Tomaten waschen und halbieren. Zum Servieren die Waffeln mit Hüttenkäse und den Tomatenhälften auf Teller setzen und mit dem beiseitegelegten Basilikum garnieren.

GESUNDHEITSTIPP

Diese Waffeln mögen auch Gemüsemuffel, denn die Erbsen sind gut im Teig versteckt. Mit ihrem Mix aus langsamen Kohlenhydraten (aus dem Vollkornmehl) und viel Eiweiß (aus dem Hüttenkäse) machen sie bis zum Mittagessen satt. Statt mit Ei sind die Waffeln mit Leinsamen gebunden, also auch für Ei-Allergiker – und mit Sojaquark statt Hüttenkäse auch für Veganer – geeignet.

VEGETARISCH

TIPP

Die Waffeln lassen sich super vorbereiten. Sie können sie bereits am Vorabend backen, abgedeckt bei Zimmertemperatur aufbewahren und am nächsten Morgen einfach kurz auftoasten. Alternativ auf Vorrat etwa 3 Monate einfrieren.

Dreimal anders

GLÜCK AUS DER PFANNE

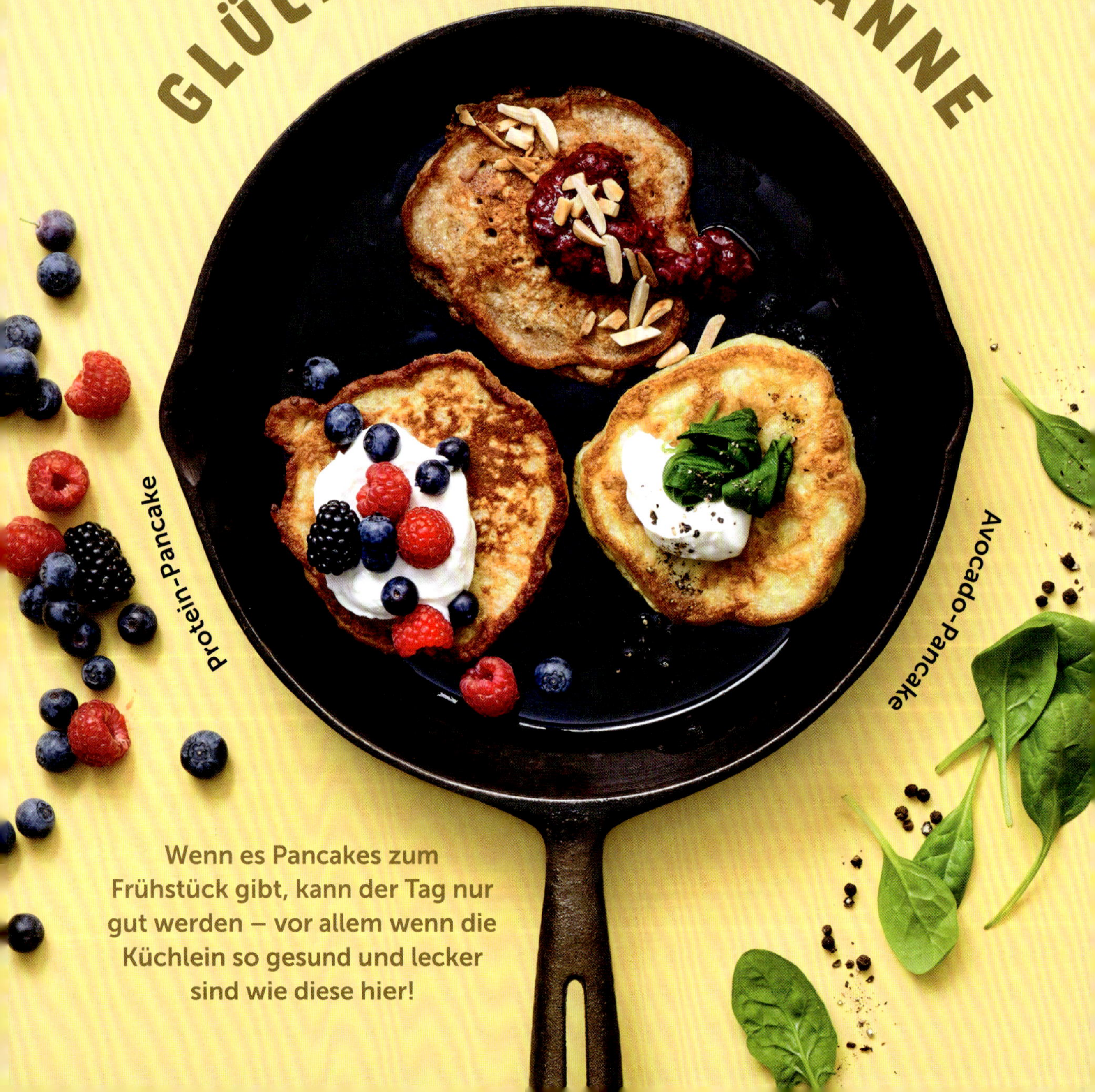

Wenn es Pancakes zum Frühstück gibt, kann der Tag nur gut werden – vor allem wenn die Küchlein so gesund und lecker sind wie diese hier!

APFEL-PANCAKES

VEGETARISCH · KINDERLEICHT

ZUBEREITUNG: 30 Min. | PRO PORTION ca. 255 kcal, 8g EW, 11g F, 29g KH, 4g BST

Für 4 Personen: 1 großen Apfel waschen und auf der Gemüsereibe bis auf das Kerngehäuse raspeln. 100 g Dinkelvollkornmehl, 25 g gemahlene Mandeln, 1 TL Backpulver, ½ TL Natron und 1 TL Zimtpulver mischen.
1 Ei (Größe M) mit 2 EL Rohrohrzucker und 220 ml Buttermilch mit einem Schneebesen in einer Rührschüssel verquirlen. Mehl-Mix kurz unterrühren und Apfelraspel unterheben. 2 EL Rapsöl portionsweise in einer großen beschichteten Pfanne erhitzen. Pro Pancake etwa 2 EL Teig in der Pfanne etwas flach streichen und so lange backen, bis sich kleine Bläschen an der Oberfläche bilden. Die Pancakes wenden und noch 2 bis 3 Minuten backen. Herausnehmen und warm halten. Auf diese Weise etwa 12 Pancakes backen. Nach Belieben mit Ahornsirup, Dattel-Karamell (siehe Seite 175) oder Chia-Konfitüre (siehe Seite 173) servieren.
Tipp: Veganer lassen statt Ei 1 EL geschroteten Leinsamen mit 3 EL heißem Wasser etwa 20 Minuten quellen. Die Buttermilch durch 220 ml ungesüßten Pflanzendrink und 1 Spritzer Zitronensaft ersetzen.

PROTEIN-PANCAKES

VEGETARISCH · KINDERLEICHT

ZUBEREITUNG: 30 Min. | PRO PORTION ca. 280 kcal, 13g EW, 14g F, 23g KH, 5g BST

Für 4 Personen: 2 reife Bananen schälen und mit einer Gabel in einer Schüssel zerdrücken. 50 g Magerquark, 2 Eier (Größe M), 60 g Mandelmehl (entölt) und 2 EL Dinkelvollkornmehl dazugeben und alles glatt rühren. Den Teig etwa 5 Minuten quellen lassen. 2 EL Rapsöl portionsweise in einer großen beschichteten Pfanne erhitzen. Pro Pancake etwa 1 EL Teig in der Pfanne etwas flach streichen. Sobald sich Bläschen auf der Oberfläche bilden, vorsichtig wenden und noch 2 bis 3 Minuten backen. Aus der Pfanne nehmen und auf Küchenpapier abtropfen lassen. Auf diese Weise etwa 12 kleine Pancakes backen. Währenddessen 200 g Magerquark mit 1 TL Vanillezucker glatt rühren. 400 g Beeren nach Wahl (frisch oder tiefgekühlt und aufgetaut) verlesen, waschen und trocken tupfen (Tiefkühlware einmal kurz aufkochen). Die Pancakes mit Quark und Beeren anrichten.

AVOCADO-PANCAKES

VEGETARISCH

ZUBEREITUNG: 30 Min. | PRO PORTION ca. 270 kcal, 11g EW, 12g F, 30g KH, 3g BST

Für 4 Personen: 150 g Mehl mit 1 TL Backpulver, 1 TL Natron, ½ TL Salz, 1 Ei (Größe M) und 200 ml Buttermilch verrühren. ½ reife Avocado evtl. entkernen, das Fruchtfleisch aus der Schale lösen, mit einer Gabel zerdrücken und unter den Teig rühren. 2 EL Rapsöl portionsweise in einer großen beschichteten Pfanne erhitzen. Pro Pancake etwa 1 gehäuften EL Teig in der Pfanne etwas flach streichen und auf jeder Seite 2 bis 3 Minuten goldbraun backen. Auf diese Weise etwa 12 Pancakes backen. Inzwischen 100 g griech. Joghurt (5% Fett) glatt rühren und mit Salz und Pfeffer aus der Mühle würzen. Die Pancakes mit je 1 Klecks Joghurt servieren.
Dazu schmeckt Knabbergemüse oder gedünsteter Spinat. Einfach in wenig Öl in einer Pfanne unter Wenden 2 bis 3 Minuten zusammenfallen lassen, mit Salz, Pfeffer und 1 Spritzer Zitronensaft würzen.

GESUNDHEITSTIPP

Statt Zucker liefern hier Datteln die Süße. Der Vorteil: So kommen zusätzlich noch Mineral- und Ballaststoffe in die Schokolade. Außerdem machen die Datteln die Mischung schön sämig.

Super Hot CHOCOLATE

FÜR 4 PERSONEN
ZUBEREITUNG: 15 Min.

8 saftige Datteln (z. B. Medjol)
600 ml Milch
50 g Zartbitterschokolade
3–4 TL ungesüßtes Kakaopulver
je ½ TL Zimtpulver und gemahlene Kurkuma

PRO PORTION
ca. 210 kcal, 7 g EW, 10 g F, 23 g KH, 4 g BST

1 Die Datteln entsteinen und klein hacken. Die Milch in einem Topf mit den Datteln mit geschlossenem Deckel bei schwacher Hitze etwa 5 Minuten köcheln lassen. Inzwischen die Schokolade hacken.

2 Die gehackte Schokolade zur Milchmischung geben und unter Rühren darin schmelzen lassen. Alles in den Standmixer oder einen hohen Rührbecher füllen. Kakao, Zimt und Kurkuma dazugeben und alles im Mixer oder mit dem Stabmixer fein pürieren.

3 Die Schokoladenmischung wieder in den Topf geben und nochmals kurz aufkochen. Zum Servieren auf Tassen oder hitzefeste Gläser verteilen.

SO WIRD'S VEGAN

Die Schokolade mit einem ungesüßten Pflanzendrink statt Milch und veganer Zartbitterschokolade zubereiten.

VEGETARISCH · GLUTENFREI · SCHNELL

Fruchtiges
TRINKMÜSLI

FÜR 4 PERSONEN
ZUBEREITUNG: 10 Min.

300 g tiefgekühlte Himbeeren
1 kleine reife Banane
300 ml Milch (3,5 % Fett)
350 g Naturjoghurt (3,5 % Fett)
50 g feine glutenfreie Haferflocken

PRO PORTION
ca. 195 kcal, 8 g EW, 7 g F, 30 g KH, 7 g BST

1 Die Beeren in einen hohen Rührbecher geben und etwa 5 Minuten antauen lassen. Inzwischen die Banane schälen, in grobe Stücke schneiden und zu den Beeren geben.

2 Dann Milch, Joghurt, Haferflocken und nach Belieben 1 TL Vanilleextrakt oder ½ TL Zimtpulver hinzufügen und alles mit dem Stabmixer fein pürieren. Falls die Konsistenz zu fest ist, noch etwas Wasser untermixen.

3 Das Trinkmüsli auf Gläser oder kleine Glasflaschen mit Strohhalm verteilen. Für ein „Frühstück to go" oder einen sättigenden Snack zwischendurch den Drink in gut schließende Thermobecher oder kleine Flaschen füllen und bis zum Trinken kühl aufbewahren.

VARIANTE

Schmeckt auch mit anderem (auch tiefgekühltem) Obst wie Mango, Erdbeeren oder Kirschen statt Himbeeren. Wer die Banane ersetzt, süßt den Drink, falls nötig, mit Honig oder Ahornsirup.

SO WIRD'S VEGAN

Für eine vegane (und laktosefreie) Variante pflanzliche Alternativen für Milch und Joghurt verwenden.

VEGETARISCH · GLUTENFREI · SCHNELL

Bunt und gesund für jeden Geschmack

MITTAGESSEN ZU HAUSE ODER UNTERWEGS

Ein bunter Mix liefert Energie und Nährstoffe für die zweite Hälfte des Tages. Da hat das Mittagstief keine Chance! Praktisch: Die meisten Rezepte lassen sich super schon am Vortag oder morgens zubereiten. So steht das Essen schnell auf dem Tisch, wenn die Kids hungrig aus der Schule kommen, oder lässt sich prima als Lunch im Glas oder in der Lunchbox mitnehmen.

MINESTRONE
mit Pesto und Tortellini

FÜR 4 PERSONEN | ZUBEREITUNG: 30 Min.

1 Stange Lauch
250 g Möhren
3 Stangen Staudensellerie
1 Zucchini
2 Knoblauchzehen
1 EL Olivenöl

1 TL getr. Oregano
2 EL Tomatenmark
1 Dose stückige Tomaten (400 g)
1 Dose Kichererbsen (265 g Abtropfgewicht)

40 g geriebener Parmesan oder Montello
2 EL grünes Pesto
400 g frische Tortellini mit Spinat-Ricotta-Füllung (aus dem Kühlregal)
Salz | Pfeffer aus der Mühle

PRO PORTION ca. 410 kcal, 18 g EW, 14 g F, 52 g KH, 9,5 g BST

1 Das Gemüse putzen und waschen. Den Lauch längs halbieren und in dünne Ringe schneiden. Möhren schälen und klein würfeln. Sellerie in dünne Scheiben schneiden. Die Zucchini klein würfeln. Den Knoblauch schälen und fein würfeln.

2 Das Öl in einem großen Topf erhitzen und Gemüse und Knoblauch darin unter Wenden etwa 5 Minuten anbraten. Oregano und Tomatenmark einrühren. Die Tomatenstücke dazugeben und 600 ml Wasser dazugießen. Alles aufkochen und bei mittlerer Hitze etwa 10 Minuten köcheln lassen.

3 Inzwischen die Kichererbsen in einem Sieb abbrausen und abtropfen lassen. Zur Suppe geben, noch 2 bis 3 Minuten köcheln lassen. Von der Minestrone 2 bis 3 Schöpfkellen abnehmen und mit 1 EL Käse und dem Pesto in einen hohen Rührbecher geben. Alles mit dem Stabmixer fein pürieren. Inzwischen die Tortellini in der Suppe nach Packungsanweisung bissfest garen.

4 Zum Servieren die Minestrone mit Salz und Pfeffer abschmecken. Die Suppe auf tiefe Teller oder Schalen verteilen und mit dem restlichen Käse bestreuen.

GESUNDHEITSTIPP

Tomaten enthalten den sekundären Pflanzenstoff Lykopin, einen stark wirksamen Radikalfänger, der uns vor Krankheiten schützen kann (siehe Seite 19). Aus Tomatenmark und gekochten Tomaten ist dieser Stoff noch besser für unseren Körper verfügbar.

VEGETARISCH

Schnelle ERBSEN-CREMESUPPE

FÜR 4 PERSONEN
ZUBEREITUNG: 20 Min.

1 Zwiebel | 1 EL Öl
600 g tiefgekühlte Erbsen | Salz
4 Stiele Basilikum
2 Mini-Römersalatherzen
1 Dose Cannellini-Bohnen (260 g Abtropfgewicht)
50 g Kochsahne (15 % Fett; ersatzweise pflanzliche Alternative)
Pfeffer aus der Mühle

PRO PORTION
ca. 210 kcal, 14 g EW, 5 g F, 26 g KH, 12 g BST

1 Zwiebel schälen, fein würfeln und in einem Topf im Öl andünsten. Die tiefgekühlten Erbsen und ¾ l Wasser dazugeben, alles salzen und aufkochen. Mit geschlossenem Deckel etwa 10 Minuten köcheln lassen. Inzwischen Basilikum waschen, trocken tupfen und Blätter abzupfen, einige zum Garnieren beiseitelegen. Von den Salaten äußere Blätter entfernen. Salate in Blätter teilen, waschen, trocken schleudern und grob schneiden. Bohnen in einem Sieb abbrausen und abtropfen lassen.

2 Übriges Basilikum, Salat und Bohnen zur Suppe geben und alles noch 1 bis 2 Minuten köcheln lassen. Vom Herd nehmen, die Sahne dazugießen und alles mit dem Stabmixer cremig pürieren. Die Suppe mit Salz und Pfeffer abschmecken und mit Basilikum garnieren.

VEGETARISCH · GLUTENFREI · SCHNELL

VARIANTE

Andere Cremesuppe gewünscht? Probieren Sie statt der Erbsen tiefgekühlten Brokkoli, Blumenkohl oder Spinat. Anstelle der Bohnen können Sie Kichererbsen aus der Dose verwenden.

TOMATEN-SUPPE

mit Croûtons

FÜR 4 PERSONEN

ZUBEREITUNG: 25 Min. | GAREN: 30 Min.

2 kg Tomaten
je 3 Zweige Rosmarin und Thymian
3 EL Olivenöl | Salz | 100 g Cashewkerne
½ l Gemüsebrühe | 1 Knoblauchzehe
4 Scheiben Vollkorntoastbrot (à ca. 30 g)
Pfeffer aus der Mühle

PRO PORTION

ca. 390 kcal, 12 g EW, 22 g F, 35 g KH, 11 g BST

1 Den Backofen auf 200 °C (180 °C Umluft) vorheizen. Ein Backblech mit Backpapier belegen. Tomaten waschen, halbieren und auf dem Blech verteilen. Rosmarin und Thymian waschen, trocken tupfen und auf die Tomaten legen. Mit 2 EL Öl beträufeln und im Ofen auf der mittleren Schiene 30 Minuten garen.

2 Inzwischen die Cashewkerne in der Brühe in einem Topf einweichen. Tomaten aus dem Ofen nehmen und samt Bratsud zu Brühe und Cashewkernen geben, die Kräuter entfernen. Alles aufkochen und etwa 10 Minuten köcheln lassen. Knoblauch schälen und halbieren. Die Brote toasten, heiß mit übrigem Öl bestreichen und mit Knoblauch einreiben. Dann klein würfeln. Die Suppe vom Herd nehmen, im Topf mit dem Stabmixer cremig pürieren. Mit Salz und Pfeffer abschmecken und mit den Croûtons bestreuen.

VEGAN · LAKTOSEFREI

TIPP

Es lohnt sich, gleich die doppelte Menge Tomaten im Ofen zu rösten und mehr Suppe zuzubereiten.
Die Tomatensuppe lässt sich super auf Vorrat kochen und portionsweise einfrieren.

NUDELSALAT

mit grünen Bohnen

FÜR 4 PERSONEN | ZUBEREITUNG: 25 Min.

500 g grüne Bohnen
Salz
300 g kleine Vollkornnudeln (z. B. Mini-Makkaroni)
250 g Cocktailtomaten
1 reife Avocado
etwas Zitronensaft
1 Frühlingszwiebel
½ Bund Basilikum
100 g Naturjoghurt (3,5 % Fett)
25 g Crème fraîche
2 EL Weißweinessig
1 EL Olivenöl
1 Knoblauchzehe
Pfeffer aus der Mühle
30 g geröstete Sonnenblumenkerne

PRO PORTION ca. 435 kcal, 17 g EW, 15 g F, 57 g KH, 16 g BST

1 Bohnen putzen, waschen und in Stücke schneiden. In Salzwasser etwa 12 Minuten bissfest garen. Gleichzeitig die Nudeln in Salzwasser nach Packungsanweisung bissfest garen. Die Tomaten waschen und halbieren. Avocado halbieren, den Kern entfernen, das Fruchtfleisch aus den Schalen lösen und klein würfeln. Mit dem Zitronensaft beträufeln, damit sie sich nicht bräunlich verfärben.

2 Für das Dressing die Frühlingszwiebel putzen, waschen und in dünne Ringe schneiden. Basilikum waschen, trocken tupfen, die Blätter abzupfen und fein hacken. Den Joghurt in einer Salatschüssel mit Crème fraîche, Essig und Öl mit einem Schneebesen glatt rühren. Knoblauch schälen und dazupressen. Frühlingszwiebel und Basilikum unterrühren, Dressing mit Salz und Pfeffer abschmecken.

3 Die Bohnen in ein Sieb abgießen, kalt abschrecken und abtropfen lassen. Die Nudeln abgießen, sofort zum Dressing geben und untermischen, dann alles abkühlen lassen. Zum Servieren die übrigen Zutaten unterheben und den Salat auf Teller verteilen.

4 Zum Mitnehmen in vier saubere Schraubgläser (à ca. ½ l Inhalt) nacheinander Nudeln, Bohnen, Tomaten, Avocado und Sonnenblumenkerne schichten. Die Gläser schließen und den Salat bis zum Servieren kühl stellen.

GESUNDHEITSTIPP

Vollkornnudeln können mit etwa 8 g Ballaststoffen pro 100 g einen guten Beitrag zur Ballaststoffversorgung leisten. Deshalb lassen sie den Blutzuckerspiegel weniger stark ansteigen als helle Nudeln. Zudem liefern Vollkornnudeln mehr Mineralstoffe. Toll sind auch Nudeln aus Hülsenfruchtmehl. Sie liefern ebenfalls Ballaststoffe, aber weniger Kohlenhydrate und mehr Eiweiß als herkömmliche Pasta. Mit ihrem leicht nussigen Geschmack passen sie gut in den Salat.

VEGETARISCH · MEAL PREP · KINDERLEICHT

Salat mit KICHERERBSEN

FÜR 4 PERSONEN
ZUBEREITUNG: 20 Min.

2 Dosen Kichererbsen (à 265 g Abtropfgewicht)
2 große rote Spitzpaprikaschoten
4 Frühlingszwiebeln
2 EL gehackte Petersilie (frisch oder tiefgekühlt)
½ Bio-Zitrone
1½ TL Weißweinessig
Salz | Pfeffer aus der Mühle
1 Msp. gemahlener Kreuzkümmel
5 EL Olivenöl
1 Packung Mini-Mozzarellakugeln (150 g)

PRO PORTION
ca. 290 kcal, 10 g EW, 21 g F, 14 g KH, 6 g BST

1 Die Kichererbsen in einem Sieb abbrausen und abtropfen lassen. Paprika längs halbieren, putzen, waschen und klein würfeln. Die Frühlingszwiebeln putzen, waschen und in dünne Ringe schneiden. Alle drei mit der Petersilie in einer Salatschüssel mischen.

2 Zitrone heiß waschen, abtrocknen und die Schale fein abreiben. Die Zitrone auspressen. 2 EL Zitronensaft und Essig verrühren, mit Salz, Pfeffer und Kreuzkümmel würzen. Das Öl nach und nach dazugießen und unterrühren. Das Dressing unter den Salat mischen.

3 Den Mozzarella halbieren und ebenfalls unterheben. Den Salat mit Salz, Pfeffer, Zitronensaft und -schale abschmecken und auf Teller verteilen. Er lässt sich super vorbereiten und bleibt im Kühlschrank etwa 2 Tage frisch.

VEGETARISCH · GLUTENFREI · SCHNELL

SO WIRD'S VEGAN

Statt Mozzarella 60 g Rauchmandeln oder geröstete Cashewkerne grob hacken und untermischen. Oder 150 g Räuchertofu klein würfeln und dazugeben. Der Essig sollte auch vegan sein.

COUSCOUS-SALAT

mit Blumenkohl

FÜR 4 PERSONEN

ZUBEREITUNG: 20 Min.

150 g Vollkorn-Couscous, Salz
½ kleiner Blumenkohl (ca. 400 g)
1 Bund Petersilie | ½ Bund Minze
3 Frühlingszwiebeln
1 große rote Spitzpaprikaschote
½ Salatgurke | 2 EL Olivenöl
2 EL Zitronensaft
½ TL gemahlener Kreuzkümmel
Pfeffer aus der Mühle

PRO PORTION

ca. 240 kcal, 9 g EW, 7 g F, 35 g KH, 9 g BST

1 Couscous und 1 Prise Salz in einer Salatschüssel mit 300 ml kochend heißem Wasser übergießen und abgedeckt etwa 5 Minuten ziehen lassen. Blumenkohl putzen, waschen und in Röschen teilen. Kräuter waschen, trocken tupfen und Blätter abzupfen. Blumenkohl und Kräuter portionsweise im Blitzhacker etwa auf Reiskorngröße zerkleinern.

2 Frühlingszwiebeln putzen, waschen und in dünne Ringe schneiden. Paprika längs halbieren, putzen, waschen und klein würfeln. Die Gurke waschen, schälen, längs halbieren, entkernen und in Scheiben schneiden. Öl und Zitronensaft verquirlen, mit Kreuzkümmel, Salz und Pfeffer würzen. Alle Zutaten und das Dressing unter den Couscous mischen.

VEGAN · LAKTOSEFREI · SCHNELL

GESUNDHEITSTIPP

Auf Couscous-Größe zerkleinert, fällt der Blumenkohl im Salat gar nicht mehr auf. Trotzdem liefert er mit wenig Kalorien viel sättigendes Volumen und sekundäre Pflanzenstoffe.

Raffinierte Bowls für unterwegs

LUNCH IM GLAS

TIPP

Ideal zum Einschichten sind Vorratsgläser mit Schraub- oder Bügelverschluss und möglichst weiter Öffnung. Jedes Glas sollte 500 bis 700 ml Fassungsvermögen haben.

Sattmacher-Salate und Bowls lassen sich super abends vorbereiten und am nächsten Tag im Glas mitnehmen. Perfekt für alle, die wenig Zeit, aber Lust auf Gesundes haben …

DER BAUPLAN

Bowls lassen sich aus allen möglichen Zutaten zusammenstellen. Super eignen sich dafür auch Reste vom Abendessen, wie übrig gebliebene Nudeln, das restliche Ofengemüse oder die letzte Portion Dip. Es lohnt sich auch, am Vortag bewusst etwas mehr zuzubereiten und damit einen Lunch im Glas zu bestücken – so sparen Sie Zeit. Die Rezeptideen auf den folgenden Seiten können Sie dann je nach Vorrat und Laune anpassen.

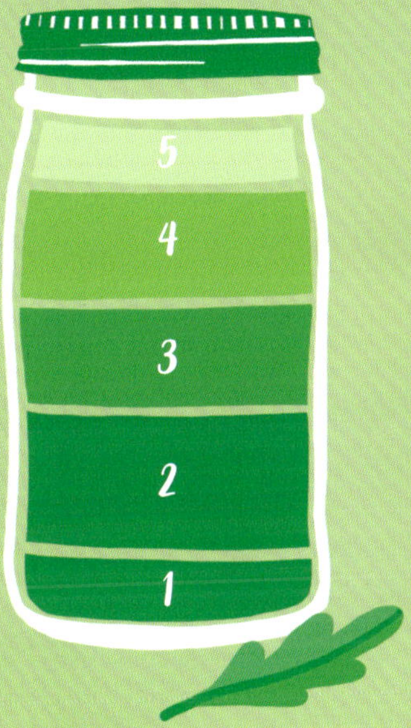

Ganz oben kommen knackige Toppings wie geröstete Nusskerne, Samen und Kerne auf den Salat.

Anschließend empfindliches Gemüse wie jungen Spinat oder Blattsalate, Tomaten, Frühlingszwiebeln, Sprossen oder Ähnliches einschichten.

Darüber kommen eiweißreiche Sattmacher wie Käse, hart gekochte Eier, Tofu, Tempeh, geräucherter Fisch, gegartes Fleisch oder Ähnliches.

Als Nächstes „schwere" Zutaten wie Hülsenfrüchte, Nudeln, Getreidebeilagen (z.B. Couscous oder Bulgur), Reis oder Kartoffeln sowie unempfindliches Gemüse wie Möhren, Paprikaschoten, Rotkohl oder Gurke einschichten.

Ganz unten kommt Vinaigrette, Dressing oder ein Dip ins Glas.

NUDELSALAT MIT PESTO

VEGETARISCH · KINDERLEICHT · MEAL PREP

ZUBEREITUNG: 30 Min. | PRO PORTION ca. 525 kcal, 24 g EW, 20 g F, 61 g KH, 13 g BST

Für 4 Personen: 350 g Vollkorn-Spirelli (oder andere kurze Nudeln) in reichlich kochendem Salzwasser nach Packungsanweisung bissfest garen. In der Zwischenzeit 2 EL grünes Pesto (siehe Seite 124 oder Fertigprodukt), 2 EL Olivenöl, Saft sowie abgeriebene Schale von ½ Bio-Zitrone verrühren, mit Salz und Pfeffer aus der Mühle abschmecken. Die Nudeln in ein Sieb abgießen und abtropfen lassen, noch warm mit dem Dressing mischen und abkühlen lassen. 400 g Cocktailtomaten waschen und halbieren. 2 Zucchini putzen, waschen und mit dem Spiralschneider oder Sparschäler in lange dünne „Nudeln" schneiden. 1 Packung Mini-Mozzarellakugeln (150 g) halbieren. Erst Nudel-Mix, dann Tomaten, Zoodles und Mozzarella in vier saubere Schraubgläser schichten. Mit je 1 TL gerösteten Pinienkernen bestreuen. Verschließen, bis zum Mitnehmen kühl stellen.

VEGAN · LAKTOSEFREI · GLUTENFREI

BUDDHA BOWL TO GO

ZUBEREITUNG: 30 Min.

Für 4 Personen: Den Backofen auf 200 °C vorheizen. 400 g Süßkartoffeln putzen, schälen und klein würfeln. Mit 2 EL Rapsöl, ¼ TL gemahlenem Kreuzkümmel, Salz und Pfeffer aus der Mühle mischen und auf einem Backblech verteilen. Im Ofen auf der mittleren Schiene 20 bis 25 Minuten backen, herausnehmen und abkühlen lassen. Inzwischen 2 Dosen Kichererbsen (à 265 g Abtropfgewicht) in einem Sieb abbrausen und abtropfen lassen. 400 g Rotkohl putzen, waschen und in feinen Streifen vom Strunk schneiden oder hobeln, salzen und mit den Händen kräftig durchkneten. 150 g jungen Spinat verlesen, waschen und trocken schleudern, grobe Stiele entfernen. 200 g geräucherten Tofu würfeln. 4 EL Tahin (Sesampaste), 4 EL Wasser und 2 bis 3 TL Zitronensaft glatt rühren, mit Salz und Pfeffer abschmecken. Das Dressing auf vier saubere Schraubgläser verteilen. Nacheinander Kichererbsen, Süßkartoffeln, Rotkohl, Tofu, Spinat und jeweils 1 TL geröstete Kürbiskerne daraufschichten. Verschließen, bis zum Mitnehmen kühl stellen.

PRO PORTION

ca. 385 kcal, 18 g EW, 18 g F, 36 g KH, 11 g BST

TIPP

Zum Essen den Inhalt der Lunch-to-go-Gläser am besten in eine große Schüssel füllen. So lässt sich alles gut mischen.

KINDERLEICHT VEGETARISCH

REGENBOGENSALAT MIT BULGUR

SO WIRD'S VEGAN

Das Dressing mit einer pflanzlichen Joghurt-Alternative (z.B. auf Soja- oder Mandelbasis) anrühren.

ZUBEREITUNG: 25 Min.

Für 4 Personen: 125 g Vollkornbulgur in Salzwasser nach Packungsanweisung garen, vom Herd nehmen und abkühlen lassen. Inzwischen 4 Möhren putzen, schälen und auf der Gemüsereibe grob raspeln. 4 gegarte Rote Beten (vakuumverpackt; Achtung, färben stark ab!) klein würfeln. 1 Mango schälen, Fruchtfleisch erst vom Stein, dann in kleine Würfel schneiden. 1 Bund Radieschen putzen, waschen und in dünne Scheiben schneiden. ½ Bund Petersilie waschen, trocken tupfen, Blätter abzupfen und fein hacken. 125 g Feldsalat oder Rucola verlesen, waschen und trocken schleudern. Für das Dressing 125 g Naturjoghurt (3,5% Fett), 3 EL Olivenöl, 3 EL Zitronensaft, 2 TL Ahornsirup, Salz und Pfeffer aus der Mühle verrühren, auf vier saubere Schraubgläser verteilen. Bulgur mit Petersilie mischen, daraufschichten. Nacheinander Möhren, Rote Beten, Mango, Radieschen und Salat dazugeben. Mit je 1 TL geschälten Hanfsamen bestreuen. Verschließen, bis zum Mitnehmen kühl stellen.

PRO PORTION

ca. 325 kcal, 10 g EW, 11 g F, 45 g KH, 13 g BST

Fruchtiger QUINOA-TOFU-SALAT

FÜR 4 PERSONEN | ZUBEREITUNG: 30 Min.

200 g Tofu natur
200 g weiße Quinoa
Salz
250 g Möhren
150 g Staudensellerie
75 g Rucola
4 EL Olivenöl
75 g Mangofruchtfleisch (frisch oder tiefgekühlt und aufgetaut)
2 EL Aceto balsamico bianco
Pfeffer aus der Mühle

PRO PORTION ca. 380 kcal, 16 g EW, 18 g F, 39 g KH, 8 g BST

1 Den Tofu zwischen zwei Lagen Küchenpapier kräftig ausdrücken. Inzwischen Quinoa in einem Sieb heiß abbrausen und in einem Topf mit ½ l Wasser und ½ TL Salz aufkochen. Dann offen nach Packungsanweisung bissfest garen, dabei ab und zu umrühren. Vom Herd nehmen und mit geschlossenem Deckel noch etwa 15 Minuten quellen lassen.

2 Inzwischen die Möhren putzen, schälen und auf der Gemüsereibe grob raspeln. Sellerie putzen, waschen und in dünne Scheiben schneiden. Rucola verlesen, waschen und trocken schleudern, dabei grobe Stiele entfernen. Rucola grob hacken. Den ausgedrückten Tofu grob würfeln und in einer beschichteten Pfanne in 1 EL Öl etwa 5 Minuten unter Wenden knusprig braten, leicht salzen.

3 Für das Dressing Mango in Stücke schneiden und mit Essig, übrigem Öl, etwas Salz und Pfeffer mit dem Stabmixer fein pürieren. Mit Salz und Pfeffer abschmecken.

4 Zum Servieren Quinoa mit Möhren, Sellerie und Rucola unter das Dressing mischen. Den Salat mit Salz und Pfeffer abschmecken und auf Teller verteilen, den Tofu daraufsetzen. Der Salat lässt sich gut vorbereiten und 1 bis 2 Tage im Kühlschrank aufbewahren.

VARIANTE

Anstelle von Tofu können Sie auch Tempeh oder Feta verwenden, bei Letzterem ist der Salat dann aber nicht mehr vegan und laktosefrei. Das fruchtige Mangodressing passt übrigens gut zu herben Blattsalaten wie Endivie, Rucola oder Feldsalat.

VEGAN · GLUTENFREI · LAKTOSEFREI · MEAL PREP

GESUNDHEITSTIPP

Quinoa ist ein nährstoffreiches, glutenfreies Pseudogetreide aus Südamerika. Es liefert eine gute Portion hochwertiges Pflanzeneiweiß, langsame Kohlenhydrate, gesunde Fette und Mineralstoffe wie Magnesium, Eisen und Kalium.

DINKELSALAT
mit Mandel-Tofu

FÜR 4 PERSONEN
ZUBEREITUNG: 30 Min.

200 g Schnellkoch-Dinkel, Salz
400 g Tofu natur | 30 g Mandelblättchen
3 EL Olivenöl | 3 Frühlingszwiebeln
1 rote Spitzpaprikaschote | ½ Salatgurke
5 Stiele Basilikum | Saft von je ½ Zitrone und Orange
Pfeffer aus der Mühle

PRO PORTION
ca. 485 kcal, 24 g EW, 21 g F, 47 g KH, 7 g BST

1 Dinkel in reichlich kochendem Salzwasser nach Packungsanweisung bissfest garen. Tofu zwischen zwei Lagen Küchenpapier kräftig ausdrücken und in etwa 1 cm dicke Scheiben schneiden, leicht salzen. Die Mandeln auf einen Teller geben und Tofuscheiben darin wenden. Tofu in einer Pfanne in 1 EL Öl portionsweise bei mittlerer Hitze auf jeder Seite 2 bis 3 Minuten rösten.

2 Die Frühlingszwiebeln putzen, waschen und in dünne Ringe schneiden. Paprika längs halbieren, putzen, waschen und klein würfeln. Gurke waschen, längs halbieren, entkernen, in dünne Scheiben schneiden. Basilikum waschen, trocken tupfen, die Blätter abzupfen und fein hacken. Zitronen- und Orangensaft, übriges Öl, Salz und Pfeffer verrühren.

3 Den gegarten Dinkel in ein Sieb abgießen und abtropfen lassen. Mit Gemüse, Basilikum und Dressing mischen, den Salat auf Teller verteilen und den Tofu dazusetzen.

VEGAN | LAKTOSEFREI

TIPP

Der Salat passt auch zu gegrilltem oder gebratenem Lachs- und Hähnchenbrustfilet. Dann ist er allerdings nicht mehr vegan. Mit Fetastücken wird der Salat vegetarisch.

FETA-PITA
mit Gurken-Dip

FÜR 4 PERSONEN
ZUBEREITUNG: 20 Min.

2 rote Spitzpaprikaschoten
2 Mini-Römersalate
200 g Feta (Schafskäse)
60 g schwarze Oliven (ohne Stein)
¼ Salatgurke
150 g Naturjoghurt (3,5% Fett)
3 EL Tahin (Sesampaste)
1–2 TL Zitronensaft
Salz | Pfeffer aus der Mühle
4 Vollkorn-Pitabrote

PRO PORTION
ca. 455 kcal, 20 g EW, 21 g F, 43 g KH, 12 g BST

1 Backofen auf 200 °C vorheizen. Ein Backblech mit Backpapier belegen. Paprika längs halbieren, putzen, waschen und in dünne Streifen schneiden. Von den Salaten äußere Blätter entfernen. Salate in Blätter teilen, waschen, trocken schleudern und in schmale Streifen schneiden. Feta in Scheiben schneiden. Oliven abtropfen lassen und halbieren.

2 Die Gurke waschen, halbieren, entkernen und auf der Gemüsereibe grob raspeln. Den Joghurt mit Tahin und Zitronensaft glatt verrühren, die Gurkenraspel unterheben und den Dip mit Salz und Pfeffer würzen.

3 Die Pita-Brote im Ofen nach Packungsanweisung erwärmen, aufschneiden und mit Paprika, Salat, Feta, Oliven und Dip füllen.

VEGETARISCH · MEAL PREP · SCHNELL

TIPP
Zum Mitnehmen Pita-Brote nur mit Paprika, Salat, Feta und Oliven füllen. Den Dip extra verpacken und erst zum Essen dazugeben. Sonst weichen die Brote durch.

Für jede Saison

SALATHITS

Mit einem schnellen Dressing und einem Kopfsalat plus 150 g Baby-Salat-Mix, Rucola oder Feldsalat steht ruckzuck für 4 Personen „Grünfutter" auf dem Tisch. Je nach Jahreszeit lassen sich diese Salat-Basiszutaten noch lecker verfeinern.

VEGAN · LAKTOSEFREI · GLUTENFREI · KINDERLEICHT

FRÜHLINGSSALAT

ZUBEREITUNG: 10 Min.

Die Salat-Basiszutaten mit dem Schüttel-Dressing von Seite 90 mischen. Zusätzlich noch 3 Frühlingszwiebeln putzen, waschen und in dünne Ringe schneiden. 1 Bund Radieschen putzen, waschen und in dünne Scheiben schneiden. (Falls die Radieschen schöne Blätter haben, das Grün mitverwenden und klein schneiden.) 1 Beet Gartenkresse vom Beet abschneiden, waschen und trocken tupfen. 40 g Mandelstifte in einer Pfanne ohne Fett hell rösten. Alles unter den Basissalat mischen.

PRO PORTION

ca. 150 kcal, 3 g EW, 14 g F, 5 g KH, 3 g BST

VEGAN · LAKTOSEFREI · GLUTENFREI · KINDERLEICHT

SOMMERSALAT

ZUBEREITUNG: 10 Min.

Die Salat-Basiszutaten mit dem Schüttel-Dressing von Seite 90 mischen. Zusätzlich 150 g Cocktailtomaten waschen und halbieren. 3 Stiele Basilikum waschen, trocken tupfen, Blätter abzupfen und fein hacken. 4 Stangen Staudensellerie putzen, waschen und in dünne Scheiben schneiden. 50 g schwarze Oliven (ohne Stein) in dünne Ringe schneiden. Alles unter den Basissalat mischen.

PRO PORTION

ca. 190 kcal, 1 g EW, 20 g F, 2 g KH, 2 g BST

VEGAN · LAKTOSEFREI · GLUTENFREI · KINDERLEICHT

HERBSTSALAT

ZUBEREITUNG: 15 Min.

Die Salat-Basiszutaten (besonders lecker ist jetzt Feldsalat) mit dem Schüttel-Dressing mischen. Zusätzlich 2 gegarte Rote Beten (vakuumverpackt) klein würfeln. 2 Möhren putzen, schälen und grob raspeln. 40 g Walnusskerne in einer Pfanne ohne Fett rösten, herausnehmen und grob hacken. Alles unter den Basissalat mischen.

PRO PORTION

ca. 170 kcal, 3 g EW, 14 g F, 7 g KH, 4 g BST

DAS SCHÜTTEL-DRESSING

Für 4 Personen bzw. für 1 Glas (ca. 5 EL):
3 EL Olivenöl, 1 EL (veganen) Aceto balsamico bianco, 1 TL (glutenfreien) Senf, 1 Spritzer Ahornsirup, Salz, Pfeffer aus der Mühle in ein sauberes Schraubglas füllen. Den Deckel auflegen und gut zuschrauben – und dann alles kräftig schütteln. Das Dressing nochmals mit Salz und Pfeffer abschmecken, sofort verwenden oder kühl stellen. Tipp: Wer will, kann das Dressing gleich in der doppelten oder dreifachen Menge auf Vorrat zubereiten – im Kühlschrank hält es sich mindestens 5 Tage.

VARIANTEN

Nach Belieben frische gehackte Kräuter, Frühlingszwiebelringe oder gewürfelte Radieschen dazugeben. Für Nussaroma die Hälfte des Olivenöls durch ein Nussöl nach Wahl (z.B. Wal- oder Haselnussöl) ersetzen.

VEGAN LAKTOSEFREI GLUTENFREI KINDERLEICHT

WINTERSALAT

ZUBEREITUNG: 15 Min.

Den Basissalat mit dem Schüttel-Dressing von Seite 90 mischen. Zusätzlich 2 Orangen so großzügig schälen, dass auch die weiße Haut mit entfernt wird. Die Filets zwischen den Trennhäuten herausschneiden, den austretenden Saft auffangen und unter den Salat mischen. 2 Fenchel putzen, waschen, halbieren und in dünne Streifen schneiden. 1 kleine rote Zwiebel schälen und in dünne Scheiben schneiden. 40 g Pinienkerne in einer Pfanne ohne Fett hell rösten, herausnehmen und abkühlen lassen. Alles unter den Basissalat mischen.

PRO PORTION

ca. 190 kcal, 6 g EW, 14 g F, 11 g KH, 6 g BST

SO WIRD'S EIN SATTMACHER-SALAT

Wenn der Salat die Hauptsache sein soll, pro Person noch folgende Zutaten dazu servieren:

Mehr Eiweiß

- 75 g gegartes Hähnchenbrust- oder Fischfilet oder gebratenen Tofu,
- 75 g gegarte Hülsenfrüchte wie Kichererbsen, Linsen oder Bohnen,
- 50 g Feta (Schafskäse) oder Mozzarella in Würfeln oder Scheiben dazugeben.

Mehr Carbs

- 1 Scheibe Vollkornbrot oder 1 Vollkornbrötchen dazu reichen oder
- je 50 g gegarte Vollkornnudeln, Vollkorn-Coucous oder gegarte Kartoffeln in Würfeln untermischen.

Nur Low Carbs

- Die eiweißreichen Zutaten (siehe ganz links) auf 100 g pro Person erhöhen und die kohlenhydratreichen Carb-Zutaten wie Pasta, Kartoffeln oder Brot ganz weglassen.

Herzhafter BLECHPFANNKUCHEN

FÜR 4 PERSONEN | ZUBEREITUNG: 20 Min. | BACKEN: 18 Min.

100 g junger Spinat
1 kleine Stange Lauch
125 g Dinkelvollkornmehl
1 TL Backpulver
Salz | Pfeffer aus der Mühle

5 Eier (Größe M)
125 ml Milch (3,5% Fett)
75 ml Mineralwasser
(mit Kohlensäure)
1 EL Rapsöl fürs Blech

250 g Tomaten
75 g geraspelter Gratinkäse
(z.B. Emmentaler oder Bergkäse)
250 g Kräuterquark (20% Fett;
siehe Rezept Seite 121)

PRO PORTION ca. 425 kcal, 25 g EW, 21 g F, 33 g KH, 6 g BST

1 Den Backofen samt Backblech auf 190 °C (Umluft nicht geeignet!) vorheizen. Spinat verlesen, waschen und trocken schleudern, dabei grobe Stiele entfernen. Spinat grob hacken. Lauch putzen, längs halbieren, waschen und in dünne Ringe schneiden.

2 Für den Teig Mehl, Backpulver, ½ TL Salz und etwas Pfeffer mischen. Dann Eier, Milch und Mineralwasser dazugeben und alles glatt verquirlen. Spinat und Lauch unterheben. Das heiße Blech vorsichtig aus dem Ofen nehmen und auf ein Kuchengitter stellen. Ein Blatt Backpapier mit Öl einfetten, auf das Blech legen und den Teig darauf verteilen. Den Pfannkuchen im Ofen auf der mittleren Schiene 15 bis 18 Minuten backen.

3 Inzwischen die Tomaten waschen und in dünne Scheiben schneiden, dabei die Stielansätze entfernen. Nach etwa 10 Minuten Backzeit den Pfannkuchen aus dem Ofen nehmen, mit Tomaten belegen, mit Käse bestreuen und im Ofen noch fertig backen. Falls nötig, noch kurz den Backofengrill zuschalten, damit der Pfannkuchen schön bräunt. Dann aus dem Ofen nehmen, in Stücke schneiden und mit dem Kräuterquark als Dip servieren.

VARIANTE

Für einen süßen Blechpfannkuchen den Teig nur mit 1 Prise Salz und 1 Päckchen Vanillezucker zubereiten. Statt des Gemüses 2 Äpfel waschen, grob raspeln und unter den Teig mischen. Pfannkuchen im Ofen backen, 5 Minuten vor Backzeitende mit 2 EL Mandelblättchen bestreuen. Mit Puderzucker bestäuben, mit Vanillequark servieren.

VEGETARISCH

MINI-OMELETTS
aus der Muffinform

FÜR 1 12ER-MUFFINFORM | ZUBEREITUNG: 20 Min. | BACKEN: 15 Min.

Öl für die Form
5 Frühlingszwiebeln
100 g Kochschinken (in dünnen Scheiben)
8 Eier (Größe M)
100 ml Milch (3,5% Fett)
Salz | Pfeffer aus der Mühle
frisch geriebene Muskatnuss
½ Bund Schnittlauch
50 g Emmentaler (am Stück)

PRO STÜCK ca. 100 kcal, 8 g EW, 7 g F, 3 g KH, 1 g BST

1 Den Backofen auf 200 °C (175 °C Umluft) vorheizen. Die Mulden der Form am Boden und Rand gut mit Öl einfetten. Die Frühlingszwiebeln putzen, waschen und in dünne Ringe schneiden. Den Schinken in kleine Würfel schneiden. Beides mischen und in den Mulden verteilen.

2 Die Eier mit Milch, Salz, etwas Pfeffer und Muskatnuss in einer Rührschüssel verquirlen. Den Schnittlauch waschen, trocken tupfen und in feine Röllchen schneiden, unter die Eiermasse rühren. Die Masse gleichmäßig auf die Mulden verteilen, sie sollten jeweils zu etwa drei Vierteln gefüllt sein. Den Käse grob raspeln und auf den Omeletts verteilen. Omeletts im Ofen auf der mittleren Schiene 12 bis 15 Minuten goldbraun backen.

3 Die Omeletts herausnehmen und auf einem Kuchengitter abkühlen lassen. Erst mit einem Messer vom Rand der Form und dann mit einem Esslöffel aus den Mulden lösen. Bis zum Servieren kühl stellen.

TIPP

Die Mini-Omeletts eignen sich super zum Mitnehmen in der Lunchbox. Sie schmecken aber auch zu Hause mit Salat oder Knabbergemüse und Brot oder Vollkorn-Grissini als Mittagessen. Im Kühlschrank halten sich die Omeletts etwa 3 Tage. Alternativ kann man sie etwa 3 Monate im Tiefkühlfach einfrieren. Zum Servieren abends aus dem Tiefkühlfach nehmen und über Nacht im Kühlschrank auftauen lassen.

GLUTENFREI | MEAL PREP

VARIANTE

Wer's vegetarisch mag, lässt den Schinken einfach weg oder ersetzt ihn durch 200 g klein geschnittene, gebratene Champignons. Statt der Frühlingszwiebeln können Sie auch Maiskörner, Erbsen oder 125 g geraspelte Möhren verwenden.

WINTER-TORTILLA mit Süßkartoffeln

FÜR 4 PERSONEN | ZUBEREITUNG: 30 Min. | BACKEN: 5 Min.

1 Zwiebel
1 Stange Lauch
250 g Süßkartoffeln
1 Möhre
100 g Pastinake
2 EL Olivenöl
Salz | Pfeffer aus der Mühle
6 Eier (Größe M)
1 TL getr. Oregano

PRO PORTION ca. 290 kcal, 14 g EW, 16 g F, 22 g KH, 5 g BST

1 Den Backofengrill auf 220 °C vorheizen. Die Zwiebel schälen und fein würfeln. Den Lauch putzen, längs halbieren, waschen und in dünne Streifen schneiden. Süßkartoffeln, Möhre und Pastinake putzen, schälen und auf der Gemüsereibe grob raspeln.

2 In einer beschichteten ofenfesten Pfanne (ca. 26 cm Durchmesser) 1 EL Öl erhitzen und die Zwiebel darin andünsten. Lauch und Gemüseraspel dazugeben und 2 bis 3 Minuten unter Wenden braten. 2 bis 3 EL Wasser dazugießen und alles mit geschlossenem Deckel 3 bis 4 Minuten dünsten, mit Salz und Pfeffer würzen. Das Gemüse in einer Rührschüssel kurz abkühlen lassen. Die Pfanne ausreiben.

3 Die Eier in einer Schüssel gründlich verquirlen, mit Salz, Pfeffer und Oregano würzen und unter das Gemüse rühren. Die Tortillamasse in der Pfanne im übrigen Öl bei nicht zu starker Hitze 4 bis 5 Minuten stocken lassen. Dann unter dem Backofengrill auf der 2. Schiene von oben noch 4 bis 5 Minuten garen, bis die Oberfläche gestockt ist.

4 Tortilla aus dem Ofen nehmen, kurz abkühlen lassen, vom Rand lösen und auf einen großen Teller stürzen. Zum Servieren in Viertel schneiden und warm oder abgekühlt servieren. Für eine Sommer-Tortilla 1 Zucchini, 1 rote Paprikaschote und 5 Frühlingszwiebeln statt der Wurzelgemüse verwenden.

GESUNDHEITSTIPP

Die Farbe verrät es: Süßkartoffeln sind reich an Beta-Carotin. Das stärkt die Abwehrkräfte und schützt unsere Körperzellen vor schädlichen Einflüssen. Das Öl zum Braten unterstützt die Aufnahme und Verwertung des fettlöslichen Pflanzenfarbstoffs.

VEGETARISCH · GLUTENFREI · MEAL PREP

GEMÜSE-FRITTERS
mit Avocadoquark

FÜR 4 PERSONEN | ZUBEREITUNG: 30 Min.

3 Frühlingzwiebeln
2 rote Paprikaschoten
1 kleine Dose Mais
(140 g Abtropfgewicht)
100 g Dinkelvollkornmehl
50 g Kichererbsenmehl

1 Msp. Backpulver
Salz | Pfeffer aus der Mühle
3 Eier (Größe M)
125 ml Mineralwasser
(mit Kohlensäure)
2 EL Rapsöl

1 reife Avocado (ca. 250 g)
150 g Magerquark
3 TL Zitronensaft
2 TL gehackte Petersilie
(frisch oder tiefgekühlt)

PRO PORTION ca. 390 kcal, 19 g EW, 17 g F, 38 g KH, 10 g BST

1 Frühlingszwiebeln putzen, waschen und in dünne Ringe schneiden. Paprika längs halbieren, putzen, waschen und klein würfeln. Mais in einem Sieb abbrausen, abtropfen lassen.

2 Dinkelmehl, Kichererbsenmehl, Backpulver ½ TL Salz und etwas Pfeffer mischen. Eier und Mineralwasser in einer Rührschüssel mit einem Schneebesen verquirlen. Den Mehl-Mix dazugeben und unterrühren, dann Frühlingszwiebeln, Paprika und Mais unterheben. Das Öl in einer großen beschichteten Pfanne erhitzen. Pro Fritter 1 gehäuften EL Teig in der Pfanne etwas flach streichen und auf jeder Seite 2 bis 3 Minuten goldbraun braten. Portionsweise ausbacken, herausnehmen und auf Küchenpapier abtropfen lassen.

3 Inzwischen die Avocado halbieren und den Kern entfernen. Das Fruchtfleisch aus den Schalen lösen und mit einer Gabel zerdrücken. In einer Schüssel mit Quark und Zitronensaft mischen, salzen und pfeffern, die Petersilie untermischen. Zum Servieren die Fritters mit dem Avocadoquark auf Teller verteilen. Dazu passt ein grüner Salat.

SO WIRD'S VEGAN

Für die Fritters statt der Eier „Leinsamen-Eier" verwenden: Dafür 3 EL geschrotete Leinsamen mit 90 ml heißem Wasser etwa 20 Minuten quellen lassen und samt der glibberigen Masse anstelle der Eier zum Teig geben. Die Avocado statt mit Magerquark mit 150 g Skyr-Alternative auf Sojabasis anrühren.

VEGETARISCH | MEAL PREP

HIRSOTTO
mit Mandelzucchini

FÜR 4 PERSONEN | ZUBEREITUNG: 30 Min.

1 kleine Zwiebel
200 g Knollensellerie
150 g Möhren
2 EL Olivenöl
200 g Hirse
¾ l glutenfreie Gemüsebrühe
500 g Zucchini
30 g Mandelstifte
1 TL abgeriebene Bio-Zitronenschale
Salz | Pfeffer aus der Mühle
50 g Parmesan (am Stück)
50 g Doppelrahmfrischkäse

PRO PORTION ca. 440 kcal, 16 g EW, 22 g F, 43 g KH, 9 g BST

1 Die Zwiebel schälen und fein würfeln. Sellerie und Möhren putzen, schälen und auf der Gemüsereibe grob raspeln. 1 EL Öl in einem Topf erhitzen und die Zwiebel darin andünsten. Sellerie und Möhren dazugeben und kurz mitdünsten. Die Hirse dazugeben und unter Wenden 2 bis 3 Minuten andünsten. Die Brühe dazugießen, alles aufkochen und offen 15 bis 18 Minuten köcheln lassen, dabei ab und zu umrühren.

2 Inzwischen die Zucchini putzen, waschen und in etwa 1 cm große Würfel schneiden. Die Mandelstifte in einer beschichteten Pfanne ohne Fett leicht rösten, herausnehmen und abkühlen lassen. Das übrige Öl in der Pfanne erhitzen und die Zucchiniwürfel darin unter Wenden etwa 5 Minuten kräftig anbraten. Mit Zitronenschale, Salz und Pfeffer abschmecken und warm halten.

3 Zum Servieren den Parmesan fein reiben. 2 EL Parmesan und den Frischkäse unter das Hirsotto rühren. Mit Salz und Pfeffer abschmecken und auf tiefe Teller oder Schalen verteilen. Die Zucchini daraufsetzen und mit den Mandelstiften und dem restlichen Parmesan bestreuen.

GESUNDHEITSTIPP

Hirse ist eine tolle pflanzliche Eiweißquelle, außerdem ist das glutenfreie Getreide reich an Eisen. Dieser Mineralstoff kann aus pflanzlichen Lebensmitteln weniger gut aufgenommen werden als aus tierischen wie Fleisch. Das Vitamin C aus der Zucchini verbessert die Eisenaufnahme jedoch erheblich.

VEGETARISCH GLUTENFREI

VARIANTE

Im Winter schmeckt das Hirsotto statt mit Zucchini auch gut mit Rosenkohl oder Mangold, im Frühling passt grüner Spargel. Dazu die Rosenkohlröschen halbieren, Mangoldstiele und -blätter klein hacken, Spargel etwa 5 cm lang schneiden.

SUSHI-SANDWICH
mit Quinoa

FÜR 4 PERSONEN | ZUBEREITUNG: 30 Min.

200 g Sushi-Reis
140 g weiße Quinoa
4 EL milder Essig
(z. B. Reisessig)
1 TL Zucker
½ Avocado
1 kleine Salatgurke
1 große Möhre
8 Nori-Algen-Blätter
(am besten quadratisch)
120 g geräucherter Lachs
(in dünnen Scheiben)

PRO PORTION ca. 430 kcal, 20 g EW, 7 g F, 69 g KH, 6 g BST

1 Reis und Quinoa in einem Sieb kalt abbrausen, mit 350 ml Wasser in einem Topf aufkochen und mit geschlossenem Deckel etwa 10 Minuten köcheln lassen. Vom Herd nehmen und etwa 10 Minuten quellen lassen.

2 Inzwischen den Essig in einem Topf erwärmen, Zucker darin auflösen und alles gut unter den noch warmen Reis-Mix mischen. Reis auf einem Tablett oder einem großen Teller ausbreiten und kurz abkühlen lassen.

3 Die Avocado ggf. entkernen, das Fruchtfleisch aus der Schale lösen und in schmale Spalten schneiden. Die Gurke waschen, längs halbieren, die Kerne mit einem Löffel herauskratzen und die Hälften längs in Streifen schneiden. Die Möhre putzen, schälen und auf der Gemüsereibe grob raspeln.

4 Die Nori-Blätter so auf der Arbeitsfläche ausbreiten, dass die Spitzen nach oben und unten zeigen. Je 1 gehäuften EL Reis-Mix in die Mitte setzen und leicht andrücken. Nacheinander jedes Reisbett mit Avocado, Lachs (ggf. etwas zurechtschneiden), Gurke und Möhre belegen. Übrigen Reis-Mix daraufgeben und andrücken. Ecken der Noriblätter mit Wasser anfeuchten und zur Mitte falten.

5 Zum Servieren die Päckchen mit einem scharfen Messer quer halbieren. Die Sandwich-Hälften sofort essen oder in Lunchboxen mitnehmen. Wer's scharf liebt, kann Wasabi und (glutenfreie Tamari-)Sojasauce dazu reichen. Zum Mitnehmen beides separat verpacken. Da die Sushi mit Räucherlachs zubereitet sind, bleiben sie auch ungekühlt (nicht in der Sonne!) wenige Stunden frisch.

GLUTENFREI · LAKTOSEFREI · MEAL PREP

SOMMERROLLEN

mit Erdnuss-Dip

FÜR 8 STÜCK | ZUBEREITUNG: 40 Min.

200 g Tofu natur
Salz
1 EL Rapsöl
1 Möhre
½ Salatgurke (ca. 200 g)
1 gelbe Paprikaschote
2 Rote Beten
1 Beet Gartenkresse
½ Bund Koriandergrün
8 runde Blätter Reispapier (à ca. 22 cm Durchmesser; aus dem Asialaden)
2 EL ungesüßtes Erdnussmus
1 EL (glutenfreie Tamari-) Sojasauce
1 TL Ahornsirup
2 EL Limettensaft

PRO STÜCK ca. 120 kcal, 6 g EW, 6 g F, 10 g KH, 2 g BST

1 Für die Rollen den Tofu zwischen zwei Lagen Küchenpapier kräftig ausdrücken. Mit Salz würzen und in schmale Scheiben schneiden. Das Öl in einer Pfanne erhitzen und den Tofu darin auf jeder Seite 2 bis 3 Minuten anbraten, herausnehmen.

2 Die Möhre putzen, schälen, quer halbieren oder dritteln und in schmale Stifte schneiden. Die Gurke putzen, waschen, längs halbieren, die Kerne mit einem Löffel herauskratzen. Die Hälften quer halbieren und in schmale Stifte schneiden. Die Paprika längs halbieren, putzen, waschen und in schmale Streifen schneiden. Die Roten Beten schälen und auf der Gemüsereibe grob raspeln (dabei am besten Einmalhandschuhe verwenden!). Die Kresse vom Beet abschneiden, waschen und trocken tupfen. Das Koriandergrün waschen, trocken tupfen und die Blätter abzupfen.

3 Ein sauberes, angefeuchtetes Küchentuch ausbreiten. Eine flache Schale etwa 2 cm hoch mit lauwarmem Wasser füllen und die Reispapierblätter darin nacheinander je etwa 2 Minuten einweichen. Vorsichtig herausnehmen und auf dem Küchentuch ausbreiten.

4 Jedes Reispapier mit Tofu, Möhre, Gurke, Paprika, Roten Beten, Kresse und Koriander belegen, dabei rundum einen etwa 2 cm breiten Rand frei lassen. Seitliche Ränder des Reispapiers über die Füllung schlagen, dann das Papier von unten über der Füllung einschlagen und kompakt nach oben aufrollen.

5 Für den Dip in einem hohen Rührbecher Erdnussmus, Sojasauce, Ahornsirup, Limettensaft, 1 Prise Salz und 50 ml Wasser mit dem Stabmixer pürieren. Die Sommerrollen mit dem Dip servieren.

VARIANTE

Statt Tofu schmecken auch gedünstete Hähnchenfiletstreifen, Räucherlachsscheiben oder Omelettstreifen in den Sommerrollen. Dann sind die Rollen natürlich nicht mehr vegan.

VEGAN · GLUTENFREI · LAKTOSEFREI · MEAL PREP

PIZZABRÖTCHEN
mit Mozzarella

FÜR 10 STÜCK | ZUBEREITUNG: 20 Min. | GEHEN: 2 Std. 20 Min. | BACKEN: 20 Min.

250 g Dinkelmehl (Type 630)
250 g Dinkelvollkornmehl
1 Päckchen Trockenhefe
Salz
10 EL Olivenöl

Mehl zum Arbeiten
1 Zucchini
50 g Tomatenmark
1 TL getr. Oregano
Pfeffer aus der Mühle

1 Kugel Mozzarella (125 g)
2 Stiele Basilikum
Öl zum Bestreichen

PRO STÜCK ca. 300 kcal, 9 g EW, 14 g F, 34 g KH, 4 g BST

1 Beide Mehlsorten, die Hefe und 1 leicht gehäuften TL Salz in einer Rührschüssel gut mischen. 320 ml lauwarmes Wasser und das Öl dazugeben und alles erst mit den Knethaken des Handrührgeräts, dann mit den Händen glatt verkneten. Den Teig mit etwas Mehl bestäubt abgedeckt an einem warmen Ort 1 bis 2 Stunden gehen lassen.

2 Inzwischen Zucchini putzen, waschen und auf der Gemüsereibe grob raspeln. Auf ein sauberes Küchentuch geben und kräftig ausdrücken. Dann mit Tomatenmark, Oregano, Salz und Pfeffer mischen. Den Mozzarella klein würfeln. Das Basilikum waschen, trocken tupfen, die Blätter abzupfen und fein hacken. Beides unter die Füllung mischen.

3 Ein Backblech mit Backpapier belegen. Den Teig auf leicht bemehlter Arbeitsfläche kurz durchkneten und in 10 Portionen teilen. Jede Teigportion zu einem runden Fladen (à ca. 12 cm Durchmesser) drücken und etwa 1 EL Füllung daraufsetzen. Die Teigränder über der Füllung zusammennehmen und zu einem runden Brötchen formen. Die Brötchen auf der Nahtseite auf das Blech setzen und abgedeckt noch etwa 20 Minuten gehen lassen. Inzwischen den Backofen auf 225 °C (200 °C Umluft) vorheizen.

4 Die Brötchen mit etwas Öl bestreichen und im Ofen auf der mittleren Schiene 15 bis 20 Minuten backen. Herausnehmen und auf einem Kuchengitter kurz abkühlen lassen. Die Pizzabrötchen halten sich abgedeckt an einem kühlen Ort bis zu 2 Tage. Nach Belieben kann man sie auf dem Toaster noch mal aufbacken. Tiefgekühlt bleiben die Brötchen etwa 2 Monate frisch.

Die perfekte

LUNCH-BOX

Egal, ob in der Schule oder bei der Arbeit – mit einem ausgewogenen Mittagessen zum Mitnehmen macht die Pause fit für die zweite Hälfte des Tages. Eine gesunde Energiespritze!

POWER-MIX

Die Mischung aus langsam verdaulichen Kohlenhydraten (aus Vollkorngetreide, Gemüse und Hülsenfrüchten), nicht zu fettem Eiweiß (aus Eiern, Milchprodukten oder Hülsenfrüchten und ab und zu mal Fleisch und Fisch) sowie etwas hochwertigem Fett (aus Pflanzenölen, Nüssen, Samen oder Avocado) hält lange satt und liefert wichtige Nährstoffe.

IDEAL ABGESTIMMT

Passen Sie den Inhalt der Box an das Frühstück und ggf. einen Vormittagssnack an. Wenn das Frühstück eher klein ausfällt, ist mittags eine größere Portion gefragt. Falls Kinder vormittags Obst als Snack essen, die Lunchbox mit Gemüse statt Obst füllen. So ergänzen sich die einzelnen Mahlzeiten in der Menge und auch in Sachen Nährstoffe.

BESSER NICHT

Nicht empfehlenswert: süßes Gebäck, zuckerhaltige Milchprodukte oder Getränke, Süßigkeiten und andere Lebensmittel mit viel Zucker. Sie liefern leere Kalorien und lassen den Blutzuckerspiegel Achterbahn fahren.

SO FÜLLT MAN DIE LUNCHBOX

Sattmacher (großes Fach)

- → ein Sandwich aus Vollkornbrot, bestrichen mit etwas Tomatenmark, Pesto, Hummus oder Butter und belegt mit Käse, Räuchertofu oder auch mal Räucherlachs oder Kochschinken
- → ein Salat mit Nudeln, Couscous oder Kichererbsen
- → ein herzhafter gesunder Muffin (siehe Seite 158) mit eiweißreichem Dip oder Mini-Frittata (mit Vollkornknäckebrot)
- → auch eine Gemüsesuppe, warm in einem kleinen Thermosbehälter mitgenommen, dazu Vollkorn-Grissini und ein paar geröstete Kerne
- → ein hart gekochtes Ei

Weitere Ideen finden Sie bei den Rezepten im Mittagessen-Kapitel ab Seite 70. Die Gerichte lassen sich fast alle prima mitnehmen.

Knackige Begleiter (kleine Fächer)

- → 2 Portionen Gemüse wie Cocktailtomaten, Gurkenscheiben, Staudensellerie- und Möhrensticks, gegarte grüne Bohnen
- → oder 1 Portion Gemüse und 1 Portion Obst wie Beeren oder Apfel
- → oder ein paar Nüsse, Kerne, Oliven oder Avocadowürfel, für gesunde ungesättigte Fette

So werden in der Pause Vitamine, Mineral-, Ballast- und sekundäre Pflanzenstoffe „getankt". Je bunter der Mix in der Woche, desto besser! Denn jede Sorte liefert andere Nährstoffe.

Jetzt ist Zeit, gemeinsam zu genießen

RAN AN DEN TISCH, GLEICH GIBT'S **ABENDESSEN**

Mal mit Fleisch oder Fisch, mal vegetarisch oder vegan, aber immer mit viel Gemüse und etwas weniger Kohlenhydraten als morgens und mittags: Das ist das Besondere an den folgenden Rezepten, die abends satt machen, ohne zu belasten. Am besten mit der ganzen Familie genießen und so gemeinsam den Tag ausklingen lassen.

VEGGIE-BURGER

mit Bohnen-Patty

FÜR 4 PERSONEN | ZUBEREITUNG: 20 Min. | QUELLEN: 1 Std.

1 Dose Kidneybohnen (265 g Abtropfgewicht)
1 Bund Petersilie
1 Zwiebel
50 g feine oder kernige Haferflocken
2 TL Senf
2 TL geräuchertes Paprikapulver (ersatzweise edelsüßes Paprikapulver)
Salz | Pfeffer aus der Mühle
1 Mini-Römersalat
½ Salatgurke
2–3 Tomaten
2 EL Rapsöl
4 vegane Vollkornbrötchen (à ca. 50 g)
5 EL Apfel-Ketchup (siehe Seite 174)

PRO PORTION ca. 295 kcal, 13g EW, 9g F, 39g KH, 11g BST

1 Für die Patties die Bohnen in einem Sieb abbrausen und abtropfen lassen. Petersilie waschen, trocken tupfen, Blätter abzupfen und fein hacken. Zwiebel schälen und fein würfeln. Haferflocken im Blitzhacker fein mahlen. Bohnen, Petersilie, Zwiebel, Hafermehl, Senf, Paprikapulver, Salz und Pfeffer in einer Schüssel mit den Händen kräftig verkneten. Etwa 1 Stunde quellen lassen.

2 Inzwischen vom Salat äußere Blätter entfernen. Den Salat in einzelne Blätter teilen, waschen, trocken schleudern und in mundgerechte Stücke zupfen. Die Gurke putzen, waschen und in dünne Scheiben schneiden. Die Tomaten waschen und in Scheiben schneiden, dabei die Stielansätze entfernen.

3 Aus der Bohnenmasse 4 flache Patties formen. Das Öl in einer beschichteten Pfanne erhitzen und die Patties darin auf jeder Seite 3 bis 4 Minuten knusprig braten. Herausnehmen und auf Küchenpapier abtropfen lassen.

4 Brötchen waagrecht aufschneiden, nach Belieben toasten. Unterseiten mit Ketchup bestreichen und nacheinander mit Salat, 1 Patty, Gurke und Tomaten belegen. Nochmals etwas Ketchup daraufgeben und die Brötchenoberseite auflegen. Sofort servieren.

VARIANTE

Weniger Carbs gewünscht? Dann die Patties einfach mit entöltem Mandelmehl statt Hafermehl zubereiten und ohne Brötchen, aber dafür mit einem grünen Salat und Kräuterquark servieren.

VEGAN LAKTOSEFREI

MAC 'N' CHEESE
mit Kürbis und Nüssen

FÜR 4 PERSONEN | ZUBEREITUNG: 30 Min. | BACKEN: 7 Min.

300 g kleine Vollkornnudeln
(z. B. Mini-Makkaroni) | Salz
500 g Butternusskürbis
Butter für die Form
2 EL Butter | 2 EL Mehl
75 ml Milch (3,5 % Fett)
125 g Ricotta
75 g geraspelter Bergkäse
1 TL Zitronensaft
frisch geriebene Muskatnuss
30 g gehackte Walnusskerne
2 EL gehackte Petersilie

PRO PORTION ca. 510 kcal, 22 g EW, 21 g F, 57 g KH, 10 g BST

1 Die Nudeln in reichlich kochendem Salzwasser nach Packungsanweisung bissfest garen. Inzwischen Kürbis waschen, schälen und entkernen. Kürbis klein würfeln und in einem Topf knapp mit Salzwasser bedeckt mit geschlossenem Deckel bei schwacher Hitze etwa 15 Minuten garen. Abgießen und dabei etwa ¼ l Kochwasser auffangen.

2 Den Backofengrill auf 250 °C vorheizen. Eine Auflaufform dünn einfetten. In einem Topf die Butter zerlassen, das Mehl dazugeben und unter Rühren mit einem Schneebesen kurz anschwitzen. Nach und nach das Kürbiskochwasser und die Milch unterrühren, alles einmal aufkochen und etwa 5 Minuten unter Rühren köcheln lassen. Dann Ricotta dazugeben und gut unterrühren. 50 g geraspelten Käse hinzufügen und unter Rühren in der Sauce schmelzen lassen. Die Käsesauce vom Herd nehmen, die Kürbiswürfel dazugeben und alles im Topf mit dem Stabmixer pürieren. Die Sauce mit Salz, Zitronensaft und etwas Muskat abschmecken.

3 Nudeln und Sauce in die Form geben und gut mischen. Nüsse, Petersilie und übrigen Käse mischen und darüberstreuen. Alles unter dem Backofengrill auf der obersten Schiene 5 bis 7 Minuten gratinieren. Herausnehmen und vor dem Servieren kurz abkühlen lassen. Dazu schmeckt ein grüner Salat.

VARIANTE

Die Käsesauce können Sie auch mit Blumenkohl statt mit Kürbis zubereiten – der muss nur etwa 10 Minuten vorgaren. Wenn noch mehr Gemüse dazu soll, einfach 300 g tiefgekühlte Brokkoliröschen oder Erbsen kurz blanchieren und unter die Sauce mischen.

VEGETARISCH

SCHÜTTELPIZZA
mit Gemüse und Basilikum

FÜR 4–6 PERSONEN | ZUBEREITUNG: 15 Min. | BACKEN: 20 Min.

250 g Champignons
1 Zucchini
1 große rote Paprikaschote
1 kleine Dose Mais
(140 g Abtropfgewicht)
250 g geraspelter Gratinkäse
(z.B. Emmentaler oder Bergkäse)
¼ l Milch (3,5% Fett)
3 Eier (Größe M)
100 g Mehl
100 g Dinkelvollkornmehl
1 TL getr. Oregano
Salz | Pfeffer aus der Mühle
einige Blätter Basilikum
zum Garnieren

PRO PORTION (bei 4) ca. 585 kcal, 36 g EW, 28 g F, 46 g KH, 8 g BST

1 Den Backofen auf 200 °C (180 °C Umluft) vorheizen. Ein rundes Pizzablech oder Backblech mit Backpapier belegen.

2 Die Pilze putzen, falls nötig, trocken abreiben und in Scheiben schneiden. Die Zucchini putzen, waschen und in dünne Scheiben schneiden. Die Paprika längs halbieren, putzen, waschen und klein würfeln. Den Mais in einem Sieb abbrausen und abtropfen lassen. Alles in einer großen Schüssel mit einem gut schließenden Deckel mischen.

3 Die übrigen Zutaten – bis auf das Basilikum – dazugeben, den Deckel auflegen und alles kräftig durchschütteln. Anschließend nach Bedarf mit einem Rührlöffel nochmals kurz durchrühren. Die Masse auf dem Blech gleichmäßig verteilen und im Ofen auf der mittleren Schiene etwa 20 Minuten backen.

4 Herausnehmen und kurz abkühlen lassen. Dann die Schüttelpizza in Stücke schneiden, mit Basilikum garnieren und sofort servieren. Dazu schmeckt ein grüner Salat.

GESUNDHEITSTIPP

Diese Pizza ist fast so schnell fertig wie eine Tiefkühlpizza, aber dank des hohen Gemüseanteils und des Vollkornmehls die deutlich gesündere Alternative. Denn so kommen „Sattmacher"-Ballaststoffe und viele sekundäre Pflanzenstoffe in den Teigfladen. Käse, Milch und Eier liefern obendrein Eiweiß, das den Sättigungseffekt noch erhöht.

VEGETARISCH | KINDERLEICHT

VARIANTE

Den Gemüse-Mix können Sie nach Lust, Laune und Vorrat variieren. Gut passen auch Oliven, Kapern oder eingelegte Artischocken in der Pizzamasse. Oder nehmen Sie Auberginenwürfel, Zwiebelringe oder halbierte Cocktailtomaten!

NACHO-BOWLS

mit Chili und Guacamole

FÜR 4 PERSONEN | ZUBEREITUNG: 30 Min. | BACKEN: 8 Min.

1 Zwiebel
2 rote Paprikaschote
2 EL Rapsöl
1 Dose Kidneybohnen (240 g Abtropfgewicht)
1 Dose Mais (240 g Abtropfgewicht)
2 Dosen stückige Tomaten (à 400 g)
1 TL geräuchertes Paprikapulver (ersatzweise edelsüßes Paprikapulver)
1 Msp. gemahlener Kreuzkümmel
4 vegane Vollkorn-Tortillafladen
Öl für die Tortillas
50 g tiefgekühlte Erbsen
½ reife Avocado
2–3 TL Zitronensaft
Salz | Pfeffer aus der Mühle
2 EL gehacktes Koriandergrün oder Petersilie

PRO PORTION ca. 330 kcal, 12 g EW, 11 g F, 45 g KH, 13 g BST

1 Den Backofen auf 180 °C (150 °C Umluft) vorheizen. Zwiebel schälen und fein würfeln. Paprika längs halbieren, putzen, waschen und klein würfeln. Zwiebel und Paprika in einem Topf im Öl andünsten. Bohnen und Mais in einem Sieb abbrausen, abtropfen lassen und mit Tomaten und Gewürzen zum Paprika-Mix geben. Chili offen etwa 15 Minuten köcheln lassen, dabei ab und zu umrühren.

2 Inzwischen für die Bowls vier ofenfeste Schalen umgedreht auf ein Backblech stellen. Die Tortillas auf einer Seite dünn mit Öl einfetten und jeweils mit der eingefetteten Seite über eine Schale legen, an den Seiten andrücken. Im Ofen auf der mittleren Schiene etwa 8 Minuten backen. Herausnehmen und auf den Schalen etwas abkühlen lassen.

3 Währenddessen die Erbsen mit kochend heißem Wasser übergießen, 2 bis 3 Minuten ziehen lassen, dann in ein Sieb abgießen und abtropfen lassen. Die Avocado ggf. entkernen, das Fruchtfleisch aus der Schale lösen und mit Erbsen und Zitronensaft pürieren, mit Salz und Pfeffer abschmecken.

4 Zum Servieren das Chili mit Salz und Pfeffer abschmecken. Die Tortilla-Bowls von den Schalen lösen und auf Teller verteilen. Jeweils mit Chili füllen, 1 Klecks Guacamole daraufgeben und mit den Kräutern bestreuen.

VEGAN LAKTOSEFREI

OFEN-FETA
mit Kichererbsen

FÜR 4 PERSONEN

ZUBEREITUNG: 40 Min. | GAREN: 32 Min.

2 Packungen Feta (Schafskäse; à 200 g)
500 g Cocktailtomaten
3 Knoblauchzehen | 2 EL Olivenöl
Salz | Pfeffer aus der Mühle
2 Dosen Kichererbsen (à 265 g Abtropfgewicht)
3 EL gehackte gemischte Kräuter
(frisch oder tiefgekühlt)

PRO PORTION

ca. 340 kcal, 21 g EW, 25 g F, 9 g KH, 5 g BST

1 Den Backofen auf 200 °C (180 °C Umluft) vorheizen. Ein tiefes Backblech mit Backpapier belegen und den Feta darauflegen. Die Tomaten waschen. Den Knoblauch schälen und zum Öl dazupressen, mit Salz und Pfeffer würzen. Die Tomaten um den Feta herum verteilen und mit Würzöl beträufeln. Dann alles im Ofen auf der mittleren Schiene etwa 15 Minuten garen.

2 Inzwischen die Kichererbsen in einem Sieb abbrausen und abtropfen lassen. Das Blech aus dem Ofen nehmen, Kichererbsen mit aufs Blech geben und alles kurz durchrühren. Dann im Ofen noch etwa 10 Minuten garen.

3 Anschließend den Backofengrill zuschalten, das Blech auf die 2. Schiene von oben schieben und alles unter dem Backofengrill noch etwa 7 Minuten überbacken. Herausnehmen und kurz abkühlen lassen, mit den Kräutern bestreut servieren.

VEGETARISCH | GLUTENFREI | KINDERLEICHT

VARIANTE

Für ein Nudelgericht Feta und Tomaten ohne Kichererbsen etwa 25 Minuten im Ofen garen, herausnehmen und den Feta zerdrücken. Alles mit 350 g gegarten Vollkornnudeln mischen.

WURZEL-RÖSTI

mit Kräuterquark

FÜR 4 PERSONEN

ZUBEREITUNG: 20 Min. | GAREN: 20 Min.

1 Zwiebel
je 300 g Pastinaken und Möhren
500 g festkochende Kartoffeln
2 Eier (Größe M)
Salz | Pfeffer aus der Mühle
2 EL Olivenöl
400 g Magerquark
1 Schuss Mineralwasser (mit Kohlensäure)
2 EL gehackte gemischte Kräuter
(frisch oder tiefgekühlt)
½ TL abgeriebene Bio-Zitronenschale

PRO PORTION

ca. 325 kcal, 22 g EW, 9 g F, 36 g KH, 8 g BST

1 Den Backofen auf 225 °C (200 °C Umluft) vorheizen. Zwiebel schälen und fein würfeln. Pastinaken, Möhren und Kartoffeln putzen, schälen und auf der Gemüsereibe grob raspeln. Mit Zwiebel und Eiern verrühren und die Masse mit Salz und Pfeffer kräftig würzen.

2 Dann die Masse in einer ofenfesten Pfanne (ca. 26 cm Durchmesser) im Öl gleichmäßig flach streichen und bei mittlerer Hitze etwa 7 Minuten braten. Danach im Ofen auf der mittleren Schiene etwa 20 Minuten garen.

3 Inzwischen Quark, Mineralwasser, Kräuter und Zitronenschale glatt rühren, salzen. Die Pfanne aus dem Ofen nehmen, das Rösti aus der Pfanne stürzen und mit dem Kräuterquark servieren. Dazu schmeckt grüner Salat.

VEGETARISCH | GLUTENFREI | MEAL PREP

GESUNDHEITSTIPP

Pastinaken sind ballaststoffreich und unterstützen das Mikrobiom. Mit ihren ätherischen Ölen beruhigen sie Magen und Darm. Ihr süßliches Aroma kommt auch bei Kindern gut an.

BLUMENKOHLSCHNITZEL

mit Erbsenstampf

FÜR 4 PERSONEN | ZUBEREITUNG: 40 Min. | GAREN: 20 Min.

1 großer Blumenkohl (ca. 1,3 kg)
750 g mehligkochende Kartoffeln
Salz
250 g tiefgekühlte Erbsen
6 EL Olivenöl
1 TL geräuchertes Paprikapulver (ersatzweise edelsüßes Paprikapulver)
1 Knoblauchzehe
Pfeffer aus der Mühle
150 ml Milch (3,5 % Fett; oder ungesüßter Pflanzendrink)
30 g ungesüßtes Mandelmus
frisch geriebene Muskatnuss

PRO PORTION ca. 460 kcal, 18 g EW, 22 g F, 45 g KH, 17 g BST

1 Den Backofen samt Backblech auf 225 °C vorheizen. Den Blumenkohl putzen, waschen und die Blätter entfernen. Den Blumenkohl von der Mitte aus in etwa 2 cm breite Scheiben schneiden. Dabei darauf achten, dass die Scheiben am Strunk möglichst zusammenhalten. Die restlichen kleinen Blumenkohlstücke beiseitelegen.

2 Die Kartoffeln schälen, waschen und in Stücke schneiden. In einem Topf knapp mit Salzwasser bedeckt mit geschlossenem Deckel etwa 20 Minuten garen. Dabei nach etwa 10 Minuten Garzeit die beiseitegelegten Blumenkohlstücke, nach etwa 15 Minuten Garzeit die tiefgekühlten Erbsen dazugeben und beides mitgaren.

3 Währenddessen 5 EL Öl mit dem Paprikapulver verrühren. Den Knoblauch schälen und dazupressen, salzen und pfeffern. Das Blech aus dem Ofen nehmen und auf ein Kuchengitter setzen. Ein Blatt Backpapier mit dem übrigen Öl einfetten und auf das Blech legen. Die Blumenkohlschnitzel darauf verteilen, mit Würzöl beträufeln und im Ofen auf der mittleren Schiene 15 bis 20 Minuten rösten.

4 Inzwischen Kartoffeln und Gemüse abgießen und gut abtropfen lassen. Milch, Mandelmus, Salz und Muskat erhitzen und mit dem Kartoffel-Gemüse-Mix grob stampfen, salzen. Zum Servieren die Blumenkohlschnitzel mit dem Stampf auf Teller verteilen, nach Belieben mit Schnittlauchröllchen bestreuen.

GESUNDHEITSTIPP

Mandelmus macht das Erbsenpüree schön cremig, verleiht ihm ein leicht nussiges Aroma und punktet mit gesunden mehrfach ungesättigten Fettsäuren. Achten Sie darauf, ein Produkt aus 100 Prozent Mandeln zu kaufen, ohne Zusatz von anderen Ölen oder von Zucker. Kräftiger im Geschmack ist Nussmus, etwas milder Cashewmus – beides können Sie hier ebenfalls verwenden.

VEGETARISCH GLUTENFREI

Alle lieben Nudeln!

PASTA-HITS

+++

Nudeln und gesund – wie das funktioniert? Ganz einfach! Mit viel verstecktem Gemüse in den Saucen (perfekt für kleine Gemüsemuffel) und nährstoffreichen Nudelvarianten. Das macht die ganze Familie satt und glücklich.

DIE NUDELN

Natürlich können Sie die Saucen auch zu herkömmlichen Nudeln servieren. Gesünder wird es aber mit ballaststoffreicheren Vollkornnudeln, mit etwas kalorienärmeren und eiweißreicheren Hülsenfruchtnudeln und sehr leicht und Low Carb mit „Nudeln" aus Gemüse wie Salatgurken, Möhren oder Zucchini. Die lassen sich mit dem Spiralschneider im Nu in Spaghettiform bringen oder mit dem Sparschäler der Länge nach in Bandnudeln schneiden. Sie können die Gemüsenudeln auch unter normale Weizennudeln mischen und diese so „leichter" machen.

PRO PORTION ALS HAUPTGERICHT

80–100 g Nudeln, Vollkornnudeln oder Hülsenfruchtnudeln nach Packungsanweisung kochen. Bei Gemüsenudeln rechnet man 250 g Gemüse pro Portion. In Salzwasser kurz garen oder in Olivenöl anbraten. Zum Mischen pro Portion etwa 50 g Nudeln mit 100 g Gemüsenudeln strecken.

BROKKOLI-PESTO

VEGETARISCH · SCHNELL

ZUBEREITUNG: 20 Min. | **PRO PORTION** ca. 205 kcal, 8 g EW, 17 g F, 5 g KH, 4 g BST

Für 4 Personen: **250 g tiefgekühlte Brokkoliröschen** in wenig Salzwasser etwa 8 Minuten dünsten. Inzwischen **½ Bund Basilikum** waschen, trocken schütteln, die Blätter abzupfen und grob hacken. **50 g jungen Grünkohl** oder **Spinat** verlesen, waschen, trocken schütteln und grob hacken. Den Brokkoli in ein Sieb abgießen, abtropfen und etwas abkühlen lassen, dabei etwas Kochwasser auffangen. **25 g Mandeln** in einer Pfanne ohne Fett hell rösten, herausnehmen und abkühlen lassen. **40 g Parmesan** grob reiben. **1 Knoblauchzehe** schälen. **250 g Cocktailtomaten** waschen und halbieren. Alle vorbereiteten Zutaten – bis auf die Tomaten – mit **2 EL Orangensaft, 4 EL Öl,** etwas **Salz** und **Pfeffer aus der Mühle** in einen hohen Rührbecher oder Mixer geben und fein pürieren. Falls nötig, noch etwas Brokkolikochwasser untermixen. Das Pesto mit Salz, Pfeffer und eventuell noch etwas Orangensaft abschmecken und unter die **gekochten Nudeln** mischen. Mit Tomaten und nach Belieben mit **2 bis 3 EL Parmesanspänen** anrichten. Das Pesto hält sich mit einer dünnen Ölschicht bedeckt im Kühlschrank etwa 5 Tage.

TOMATENSAUCE PLUS

VEGAN · LAKTOSEFREI · MEAL PREP

ZUBEREITUNG: 40 Min. | PRO PORTION ca. 155 kcal, 5 g EW, 9 g F, 14 g KH, 4,5 g BST

Für 4 Personen: 1 kleine Zwiebel und 1 Knoblauchzehe schälen und fein würfeln. 1 Pastinake und 1 große Möhre putzen, schälen und grob würfeln. 1 Zucchini putzen, waschen und grob würfeln. 2 EL Olivenöl in einem großen Topf erhitzen und Zwiebel und Knoblauch darin andünsten. Das Gemüse dazugeben und unter Wenden etwa 5 Minuten anbraten. 2 TL getr. italienische Kräuter hinzufügen. 1 Dose stückige Tomaten (400 g) und etwa 200 ml Wasser dazugeben. Die Sauce mit Salz und Pfeffer aus der Mühle würzen, aufkochen und etwa 25 Minuten köcheln lassen. Dann vom Herd nehmen, 2 EL geschälte Hanfsamen untermischen und alles im Topf mit dem Stabmixer fein pürieren. Mit Salz und Pfeffer abschmecken. Mit gegarten (veganen) Nudeln servieren.

BLUMENKOHL-KÄSE-SAUCE

VEGETARISCH

ZUBEREITUNG: 35 Min. | PRO PORTION ca. 315 kcal, 19 g EW, 22 g F, 9 g KH, 4 g BST

Für 4 Personen: 500 g Blumenkohl (oder 400 g tiefgekühlte Blumenkohlröschen) putzen, waschen und in Röschen teilen. In einem Topf mit 300 ml Wasser bedecken, salzen und mit geschlossenem Deckel bei schwacher Hitze etwa 10 Minuten garen. Inzwischen 75 g Emmentaler grob raspeln. 1 Zwiebel schälen und fein würfeln. Den Blumenkohl abgießen, dabei ¼ l Nudelkochwasser auffangen. 20 g Butter in einem Topf zerlassen, 20 g Mehl dazugeben und darin kurz anschwitzen. Blumenkohlkochwasser und 75 ml Milch (3,5 % Fett) unter Rühren dazugießen und alles aufkochen. Den Käse hinzufügen und alles bei mittlerer Hitze unter Rühren etwa 10 Minuten köcheln lassen. Blumenkohl, 125 g Ricotta, 1 TL Zitronensaft, Salz und etwas frisch geriebene Muskatnuss zur Sauce geben und alles im Topf mit dem Stabmixer cremig pürieren. Die Sauce mit Salz und Pfeffer aus der Mühle abschmecken. Mit gegarten Nudeln mischen und mit 25 g gehackten Walnusskernen sowie Basilikumblättern garnieren. Besonders gut passt die helle Käsesauce zu Spaghetti aus Roter Bete (siehe Foto).

PILZ-BOLO

GLUTENFREI

ZUBEREITUNG: 30 Min. | PRO PORTION ca. 270 kcal, 19 g EW, 16 g F, 13 g KH, 6 g BST

Für 4 Personen: 1 Zwiebel schälen und fein würfeln. 2 Möhren putzen, schälen und klein würfeln. 150 g Staudensellerie putzen, waschen und quer in dünne Stücke schneiden. 250 g braune Champignons putzen, falls nötig, trocken abreiben, vierteln und im Blitzhacker portionsweise klein hacken. 1 EL Öl in einer tiefen Pfanne erhitzen und 250 g mageres Rinderhackfleisch darin krümelig anbraten, salzen und pfeffern, herausnehmen. Die Pilze in der Pfanne in 1 EL Öl bei starker Hitze unter Wenden etwa 5 Minuten kräftig anbraten, mit Salz würzen. Dann die Zwiebel hinzufügen und mitbraten. Möhren und Sellerie dazugeben und alles noch 2 bis 3 Minuten braten. Mit 1 TL getr. Oregano würzen und das Hack wieder dazugeben. 2 Dosen stückige Tomaten (à 400 g) und etwa 150 ml Wasser dazugießen. Alles aufkochen und bei mittlerer Hitze etwa 20 Minuten köcheln lassen, dabei öfter umrühren. Falls nötig, noch mehr Wasser unterrühren, mit Salz und Pfeffer aus der Mühle abschmecken. Mit gegarten (glutenfreien) Nudeln mischen und nach Belieben mit 2 bis 3 EL Parmesanspänen bestreuen.

Tomatensauce mit Gemüse-Plus
Cremige Blumenkohl-Käse-Sauce
Pilz-Bolo für besonders Hungrige

KNUSPER-LACHS
mit Kartoffelsalat

FÜR 4 PERSONEN | ZUBEREITUNG: 50 Min.

800 g festkochende Kartoffeln
1 Bund Radieschen (mit Grün)
1 Salatgurke
1 Bund Schnittlauch
100 g Crème légère
50 g Buttermilch
1 TL Senf
Salz | Pfeffer aus der Mühle
1 EL Haselnusskerne
1 EL helle Sesamsamen
1 TL edelsüßes Paprikapulver
¼ TL getr. Oregano
75 g gepuffte Quinoa
1 Ei
4 Lachsfilets (à ca. 150 g)
2 EL Olivenöl

PRO PORTION ca. 565 kcal, 40 g EW, 25 g F, 45 g KH, 8 g BST

1 Die Kartoffeln gründlich abbürsten und in einem Topf mit Wasser bedeckt etwa 20 Minuten garen. Inzwischen Radieschen putzen, waschen und in dünne Scheiben schneiden oder hobeln, Grün fein hacken. Gurke putzen, waschen, längs halbieren, entkernen und dünn schneiden. Schnittlauch waschen, trocken tupfen und in feine Röllchen schneiden.

2 Für das Dressing Crème légère mit Buttermilch und Senf glatt rühren, salzen und pfeffern. Die Kartoffeln abgießen und kalt abschrecken, pellen und in dünne Scheiben schneiden. Noch warm mit dem Dressing mischen und Radieschen, Gurke, Schnittlauch und Radieschengrün unterheben.

3 Für den Lachs Haselnüsse, Sesam, Paprikapulver, Oregano und ½ TL Salz im Blitzhacker grob mahlen, mit den Quinoa-Pops in einem tiefen Teller mischen. Das Ei in einem tiefen Teller verquirlen. Den Lachs waschen, trocken tupfen, erst durch das verquirlte Ei ziehen, dann im Quinoa-Mix wenden. Den Lachs in einer beschichteten Pfanne im Öl bei mittlerer Hitze 10 bis 12 Minuten braten, dabei nach der Hälfte der Zeit wenden. Den Lachs mit dem Kartoffelsalat servieren.

SO WIRD'S VEGAN

Den Salat mit veganer Crème-fraîche-Alternative statt Crème légère und mit ungesüßtem Pflanzendrink statt Buttermilch zubereiten und mit 1 bis 2 TL Zitronensaft abschmecken. Mit gebratenem Tofu (ohne Mandelpanade!) statt Lachs servieren.

GLUTENFREI

FISCHSTÄBCHEN mit Risi-Bisi

FÜR 4 PERSONEN | ZUBEREITUNG: 40 Min. | BACKEN: 18 Min.

600 g weißes Fischfilet (z. B. Seelachs oder Lengfisch)
Salz | Pfeffer aus der Mühle
3 EL Dinkelvollkornmehl
2 Eier (Größe M)
30 g Vollkornbrotbrösel
50 g gemahlene Haselnusskerne
1 TL Currypulver | 4 EL Rapsöl
1 Zwiebel | 150 g Risotto-Reis
550 ml Gemüsebrühe
150 g tiefgekühlte Erbsen
2 EL gehacktes Basilikum

PRO PORTION ca. 600 kcal, 41 g EW, 25 g F, 52 g KH, 7 g BST

1 Den Backofen auf 200 °C (180 °C Umluft) vorheizen. Ein Backblech mit Backpapier belegen. Den Fisch waschen und trocken tupfen, mit Salz und Pfeffer würzen. Die Filets in fischstäbchengroße Stücke schneiden.

2 Das Mehl in einen tiefen Teller geben. Eier in einem tiefen Teller verquirlen. In einem dritten tiefen Teller Brotbrösel, Nüsse und Currypulver mischen, salzen und pfeffern. 3 EL Öl dazugeben und untermischen. Die Fischstücke erst im Mehl wenden und etwas abklopfen. Dann durch die verquirlten Eier ziehen und zuletzt im Nuss-Mix wenden. Die Panade gut andrücken. Die Fischstäbchen nebeneinander auf das Blech legen und im Ofen auf der mittleren Schiene 15 bis 18 Minuten backen, dabei nach etwa 10 Minuten wenden. Im Ofen warm halten.

3 Inzwischen für das Risi-Bisi die Zwiebel schälen und fein würfeln. In einem Topf im übrigen Öl andünsten, den Reis dazugeben und kurz mitdünsten. Die Brühe dazugießen, alles aufkochen und offen bei mittlerer Hitze etwa 20 Minuten garen, dabei immer wieder umrühren. Etwa 5 Minuten vor Ende der Garzeit die tiefgekühlten Erbsen hinzufügen und mitgaren. Zum Servieren das Risi-Bisi mit Salz und Pfeffer abschmecken und das Basilikum unterrühren. Die Fischstäbchen aus dem Ofen nehmen und dazu servieren.

GESUNDHEITSTIPP

Weißes Fischfilet ist eiweißreich, aber relativ fettarm. Deshalb steuern hier die Nüsse eine gute Portion an gesunden ungesättigten Fettsäuren bei. Diese sind ein wichtiger Baustein der Zellmembranen und hemmen Entzündungen (siehe Seite 9).

LAKTOSEFREI

FRIKADELLEN
mit Kohlrabi-Bratkartoffeln

FÜR 4 PERSONEN | ZUBEREITUNG: 40 Min.

2 Möhren
1 Bund Petersilie
500 g mageres Rinderhackfleisch
50 g Magerquark
50 g feine glutenfreie Haferflocken
1 TL Senf
Salz | Pfeffer aus der Mühle
2 Kohlrabi (ca. 500 g)
300 g festkochende Kartoffeln
1 Zwiebel | 3 EL Rapsöl

PRO PORTION ca. 470 kcal, 33 g EW, 25 g F, 28 g KH, 7 g BST

1 Die Möhren putzen, schälen und auf der Gemüsereibe fein raspeln. Die Petersilie waschen, trocken tupfen, die Blätter abzupfen und fein hacken, 1 EL für die Kartoffeln beiseitestellen. Das Hackfleisch mit Quark, Haferflocken, Senf, Möhrenraspeln, restlicher Petersilie, 1 TL Salz und etwas Pfeffer verkneten. Aus der Masse mit angefeuchteten Händen 8 Frikadellen formen und kühl stellen.

2 Für die Kohlrabi-Bratkartoffeln Kohlrabi und Kartoffeln schälen, waschen und in 1 bis 2 cm große Würfel schneiden. In einem Topf mit Salzwasser bedeckt aufkochen und mit geschlossenem Deckel 2 bis 3 Minuten vorgaren. Dann in ein Sieb abgießen, abtropfen lassen und mit Küchenpapier trocken tupfen. Die Zwiebel schälen und fein würfeln.

3 In einer beschichteten Pfanne 1 EL Öl erhitzen und die Frikadellen darin bei mittlerer Hitze auf jeder Seite 6 bis 7 Minuten braten.

4 Währenddessen Kohlrabi- und Kartoffelwürfel in einer zweiten beschichteten Pfanne im übrigen Öl etwa 10 Minuten goldbraun braten, dabei ab und zu wenden. Nach etwa 5 Minuten Garzeit die Zwiebel dazugeben und mitbraten. Mit Salz und Pfeffer würzen, die beiseitegestellte Petersilie untermischen. Zum Servieren Frikadellen und Kohlrabi-Bratkartoffeln auf Teller verteilen.

SO WIRD'S VEGAN

Für eine vegane Variante statt der Frikadellen Räuchertofu in Scheiben schneiden, anbraten und zu den Kohlrabi-Bratkartoffeln servieren. Für ein vegetarisches Gericht stattdessen Spiegeleier zubereiten und mit auf die Teller geben.

GLUTENFREI

GESUNDHEITSTIPP

Rindfleisch ist reich an Eiweiß, B-Vitaminen und Eisen, sollte aber nicht häufiger als etwa einmal pro Woche auf den Tisch kommen. Denn im Übermaß kann es – wie andere rote Fleischsorten (z.B. Wild, Lamm) – das Krebsrisiko erhöhen.

HUMMUS-HÄHNCHEN *mit Ofengemüse*

FÜR 4 PERSONEN | ZUBEREITUNG: 20 Min. | GAREN: 25 Min.

500 g festkochende Kartoffeln
500 g Gemüse (z.B. Rote Bete, Paprika, Brokkoli, Möhren oder ein Mix aus allem)
4 EL Olivenöl
Salz | Pfeffer aus der Mühle
½ TL edelsüßes Paprikapulver
1 Msp. gemahlener Kreuzkümmel
200 g Hummus (siehe Seite 170 oder Fertigprodukt)
150 g griech. Joghurt (5 % Fett)
1 TL Zitronensaft
4 Hähnchenbrustfilets (à ca. 150 g)

PRO PORTION ca. 485 kcal, 45 g EW, 19 g F, 31 g KH, 9 g BST

1 Ein Backblech mit Backpapier belegen und in den Ofen schieben. Den Backofen auf 225 °C (200 °C Umluft) vorheizen.

2 Die Kartoffeln schälen, waschen und in schmale Spalten schneiden. Das Gemüse je nach Sorte putzen, waschen bzw. schälen und in schmale Spalten, Streifen oder kleine Würfel schneiden. 3 EL Öl in einer Schüssel mit Salz, Pfeffer, Paprikapulver und Kreuzkümmel mischen und Kartoffeln und Gemüse damit gut mischen. Das Blech aus dem Ofen nehmen, Kartoffeln und Gemüse darauf verteilen und im Ofen auf der mittleren Schiene etwa 25 Minuten garen.

3 Inzwischen für den Dip 80 g Hummus mit dem Joghurt glatt rühren. Mit Zitronensaft, Salz und Pfeffer abschmecken.

4 Das Fleisch waschen und trocken tupfen. In einer Pfanne im übrigen Öl auf jeder Seite 3 bis 4 Minuten braten. Mit Salz und Pfeffer würzen, vom Herd nehmen.

5 Etwa 10 Minuten vor Ende der Garzeit das Blech aus dem Ofen nehmen, die Hähnchenfilets auf Kartoffeln und Gemüse setzen und das restliche Hummus auf die Filets streichen. Alles im Ofen fertig garen. Hähnchen, Kartoffeln und Gemüse mit dem Dip servieren.

GESUNDHEITSTIPP

Hähnchenfleisch enthält viel mageres Eiweiß und scheint im Gegensatz zu rotem Fleisch keinen Einfluss auf das Krebsrisiko zu haben. Aus konventioneller Haltung ist es jedoch oft mit Antibiotika-Rückständen belastet. Deshalb unbedingt Bio-Ware bevorzugen.

GLUTENFREI

HÄHNCHENCURRY
mit buntem Gemüse

FÜR 4 PERSONEN | ZUBEREITUNG: 30 Min.

1 Zwiebel | 200 g Möhren
1 Zucchini
1 rote Paprikaschote
500 g Hähnchenbrustfilet

1 EL Rapsöl
1–2 TL Currypulver
4 EL ungesüßtes Erdnussmus
200 ml Kokosmilch

200 g 10-Minuten-Langkornreis
Salz | Pfeffer aus der Mühle
1 Spritzer Zitronensaft
¼ TL flüssiger Honig

PRO PORTION ca. 540 kcal, 39 g EW, 20 g F, 50 g KH, 6 g BST

1 Die Zwiebel schälen und fein würfeln. Die Möhren putzen, schälen und schräg in 2 bis 3 mm dünne Scheiben schneiden. Die Zucchini putzen, waschen, längs halbieren und in dünne Scheiben schneiden. Die Paprika längs halbieren, putzen, waschen und klein würfeln. Das Fleisch waschen, trocken tupfen und in etwa 2 cm große Würfel schneiden.

2 Das Öl in einem Topf erhitzen und das Fleisch darin unter Wenden kräftig anbraten. Das Gemüse dazugeben und 2 bis 3 Minuten unter Wenden braten. Mit Currypulver bestäuben und kurz anschwitzen. Erdnussmus dazugeben, Kokosmilch und 200 ml Wasser unterrühren. Alles aufkochen und mit geschlossenem Deckel bei schwacher Hitze noch 5 bis 6 Minuten köcheln lassen.

3 Inzwischen den Reis nach Packungsanweisung bissfest garen. Das Curry mit Salz, Pfeffer, Zitronensaft und Honig abschmecken. Das Curry nach Belieben mit gehacktem Koriandergrün oder gehackter Petersilie bestreuen und mit dem Reis servieren. Das Curry lässt sich gut auf Vorrat zubereiten und abgekühlt einfrieren – so können Sie es mindestens 3 Monate aufbewahren.

SO WIRD'S VEGAN

Statt des Hähnchenbrustfilets die gleiche Menge Tofu oder Tempeh würfeln und anbraten, den Honig durch Ahornsirup ersetzen. Alternativ können Sie auch 2 Dosen Kichererbsen (à 265 g Abtropfgewicht) in einem Sieb abbrausen, abtropfen lassen und mit der Kokosmilch zum Curry geben.

GLUTENFREI | LAKTOSEFREI | MEAL PREP

Raffinierte Partner

↑

BLITZ-BEILAGEN

TIPP

Diese Kohlenhydrat-Beilagen sind vor allem mit Eiweißreichem wie Ei, Tofu, Fisch, Fleisch oder auch Gemüse eine gesunde Kombi, die lange satt macht.

Mit perfekten Partnern an der Seite werden selbst einfache Spiegeleier oder Kurzgebratenes wie Fisch- oder Hähnchenbrustfilet ruckzuck zum Festessen. Hier drei gesunde Ideen, die schnell gemacht sind und zu fast allem passen.

WÜRZLINSEN

VEGAN · LAKTOSEFREI · GLUTENFREI

ZUBEREITUNG: 25 Min. | PRO PORTION ca. 210 kcal, 17 g EW, 15 g F, 28 g KH, 12 g BST

Für 4 Personen: 1 Zwiebel schälen und fein würfeln. 2 TL Raps- oder natives Kokosöl in einem Topf erhitzen und die Zwiebel darin andünsten. 250 g rote Linsen sowie je ½ TL gemahlenen Kreuzkümmel und Kurkuma, Salz und Pfeffer aus der Mühle dazugeben und kurz andünsten. ½ l Wasser und 200 ml Kokosmilch dazugießen, alles aufkochen und offen bei mittlerer Hitze etwa 12 Minuten garen, dabei ab und zu umrühren. In der Zwischenzeit 250 g jungen Spinat verlesen, waschen und trocken schleudern. 1 TL Rapsöl in einer Pfanne erhitzen und den Spinat darin unter Wenden etwa 2 Minuten zusammenfallen lassen. Die Würzlinsen mit 2 bis 3 TL Zitronensaft, Salz und Pfeffer abschmecken und den Spinat unterheben. Passt prima zu Spiegeleiern oder gekochten Eiern sowie zu gebratenem Hähnchenbrust- oder Fischfilet.

NUSS-NUDELN

VEGAN · LAKTOSEFREI · SCHNELL

ZUBEREITUNG: 20 Min. | PRO PORTION ca. 295 kcal, 9 g EW, 14 g F, 3 g KH, 8 g BST

Für 4 Personen: 200 g kleine vegane Vollkornnudeln (z.B. Gabelspaghetti) in reichlich kochendem Salzwasser nach Packungsanweisung bissfest garen. Inzwischen 200 g Möhren putzen, schälen und auf der Gemüsereibe grob raspeln. 50 g Haselnusskerne grob hacken. In einer großen Pfanne 2 EL Rapsöl erhitzen und die Möhrenraspel darin unter Wenden 3 bis 4 Minuten anbraten. Danach die Nüsse dazugeben und mitbraten. Die Nudeln in ein Sieb abgießen, abtropfen lassen und unter die Möhren-Nuss-Mischung heben. Mit etwas Salz und Pfeffer aus der Mühle würzen. Die Nuss-Nudeln passen besonders gut zu gebratenem Tofu oder Lachsfilet, aber auch zu Rindersteaks oder Gemüsepfannen.

PARMESAN-POLENTA

VEGETARISCH · SCHNELL · GLUTENFREI

ZUBEREITUNG: 20 Min. | PRO PORTION ca. 230 kcal, 8 g EW, 8 g F, 32 g KH, 3 g BST

Für 4 Personen: ¼ l Milch (3,5% Fett) mit ½ l glutenfreier Gemüsebrühe in einem Topf aufkochen. Mit etwas Salz und frisch geriebener Muskatnuss würzen. Die Hitze reduzieren, 1 EL Butter dazugeben und in der Flüssigkeit zerlassen. 150 g Instant-Polenta (Maisgrieß) unter Rühren mit einem Schneebesen nach und nach einrieseln lassen und bei schwacher Hitze etwa 10 Minuten köcheln lassen. Dabei ständig rühren, damit die Polenta nicht anbrennt. Die Polenta vom Herd nehmen und 20 g geriebenen Parmesan unterrühren. Die Polenta mit Salz und Pfeffer aus der Mühle abschmecken. Sie passt besonders gut zu saucenreichen Hauptgerichten.

Gesund naschen? Kein Problem!

EINFACH ZUGREIFEN: SÜSSES & GEBÄCK

Naschen geht auch anders! Deshalb kommen hier allerlei unwiderstehliche Ideen für Desserts, Eis, Kuchen und mehr, die etwas gesünder daherkommen als üblich. Mit weniger Zucker und mehr Wertvollem wie Obst, Vollkorngetreide, Nüssen und Joghurt schmecken die Naschereien nicht nur gut – sie tun auch gut. Genau das Richtige für die kleinen und großen Süßmäuler in der Familie.

JOGHURTWAFFELN
mit Apfel und Nüssen

FÜR 10 STÜCK | ZUBEREITUNG: 1 Std.

175 g Dinkelvollkornmehl
75 g gemahlene Haselnusskerne oder Mandeln
2 EL Rohrohrzucker
1 EL Backpulver
Salz
1 TL Zimtpulver
50 g Butter
3 Eier (Größe M)
250 g Naturjoghurt (3,5 % Fett)
¼ l Milch (3,5 % Fett)
1 Apfel
Öl für das Waffeleisen

PRO STÜCK ca. 230 kcal, 7 g EW, 15 g F, 18 g KH, 2 g BST

1 Das Mehl mit Nüssen oder Mandeln, Zucker, Backpulver, 1 Prise Salz und Zimt mischen. Die Butter in einem Topf zerlassen, vom Herd nehmen und beiseitestellen.

2 Die Eier trennen. Die Eiweiße mit den Quirlen des Handrührgeräts steif schlagen. Die Eigelbe mit Joghurt, Milch und zerlassener Butter in einer Rührschüssel aufschlagen. Die Mehlmischung in zwei Portionen dazugeben und jeweils kurz unterrühren. Den Apfel waschen und auf der Gemüsereibe bis auf das Kerngehäuse grob in den Teig raspeln und untermischen. Zuletzt den Eischnee mit einem Teigschaber vorsichtig unterheben.

3 Ein Herz-Waffeleisen vorheizen und die Backflächen mit Öl einfetten. Pro Waffel 1 bis 2 EL Teig in das Waffeleisen geben und etwa 4 Minuten goldbraun backen. Die Waffel herausnehmen und auf einem Kuchengitter abkühlen lassen. Aus dem übrigen Teig auf die gleiche Weise etwa 9 weitere Waffeln backen.

4 Zum Servieren die Waffeln nach Belieben mit etwas Puderzucker bestäuben oder mit Ahornsirup und einigen Blaubeeren servieren. Die Waffeln lassen sich gut auf Vorrat backen und dann bis zu 3 Monate einfrieren. Zum Auftauen einfach im Toaster aufbacken, dann schmecken sie wie frisch gemacht.

GESUNDHEITSTIPP

Hier kommt nur wenig Zucker in den Waffelteig – zusätzliche natürliche Süße steuert der Apfel bei. Dünn mit Puderzucker bestäubt oder mit Ahornsirup beträufelt, werden die Waffeln Ihren Kids trotzdem süß genug schmecken.

VEGETARISCH | KINDERLEICHT | MEAL PREP

SCHOKO-PUDDING
mit Vanilletuff

FÜR 4 PERSONEN | ZUBEREITUNG: 15 Min.

4 reife Bananen
40 g ungesüßtes Mandel- oder Cashewmus
25 g ungesüßtes Kakaopulver
75 g Sahne
75 g Vanillequark
etwas Zartbitterschokolade zum Garnieren

PRO PORTION ca. 260 kcal, 6 g EW, 13 g F, 29 g KH, 4 g BST

1 Die Bananen schälen und in grobe Stücke schneiden. In einen hohen Rührbecher oder in den Mixer geben. Mandel- oder Cashewmus und Kakao dazugeben und alles mit dem Stabmixer fein pürieren. Den Pudding auf vier Dessertgläser verteilen und nach Belieben noch etwa 15 Minuten kühl stellen.

2 Zum Servieren die Sahne steif schlagen. Den Vanillequark löffelweise dazugeben und locker unterheben. Jeweils 1 Klecks Vanillesahne auf jeden Pudding setzen. Zum Garnieren von der Schokolade mit dem Sparschäler Späne abziehen und über den Pudding geben (alternativ die Schokolade fein hacken).

GESUNDHEITSTIPP

Banane süßt diesen Pudding ganz ohne zusätzlichen Zucker. Zusammen mit Fett und Eiweiß aus Nussmus, Sahne und Quark macht das Dessert länger satt als herkömmliche Süßspeisen. Übrigens: Wenn Sie reife Bananen nicht sofort verbrauchen können, frieren Sie sie am besten ohne Schale ein und rühren sie dann aufgetaut unter den nächsten Pudding.

VEGETARISCH | GLUTENFREI | KINDERLEICHT | MEAL PREP | SCHNELL

SO WIRD'S VEGAN

Anstelle von Sahne und Vanillequark eine pflanzliche Alternative verwenden. Und bei der Schokolade darauf achten, dass sie ebenfalls vegan ist.

ZITRONENKUCHEN
mit Zucchini

FÜR 1 KASTENFORM (25 cm Länge; ca. 15 Stücke) | ZUBEREITUNG: 15 Min. | BACKEN: 1 Std.

Fett und Mehl für die Form
1 Zucchini (ca. 300 g)
3 Eier (Größe M)
175 g Rohrohrzucker
Salz
abgeriebene Schale und 2 EL Saft von 1 Bio-Zitrone
175 g Rapsöl
150 g Dinkelvollkornmehl
150 g Dinkelmehl (Type 630)
3 TL Backpulver
Puderzucker zum Bestäuben

PRO STÜCK ca. 240 kcal, 4 g EW, 13 g F, 26 g KH, 1 g BST

1 Den Backofen auf 175 °C (150 °C Umluft) vorheizen. Die Form einfetten und mit Mehl ausstäuben. Die Zucchini putzen, waschen und auf der Gemüsereibe grob raspeln. Dann die Raspel auf ein sauberes Küchentuch geben und sehr gut ausdrücken.

2 Die Eier mit Zucker, 1 Prise Salz und Zitronenschale in einer Rührschüssel mit den Quirlen des Handrührgeräts etwa 4 Minuten verrühren. Dabei am Ende nach und nach das Öl dazugießen und unterschlagen. Beide Mehlsorten und das Backpulver mischen, zur Eier-Öl-Masse geben und nur kurz unterrühren, sodass die Zutaten gerade eben gemischt sind. Zuletzt die Zucchiniraspel locker unterheben.

3 Den Teig in die Form füllen und glatt streichen. Den Kuchen im Ofen auf der mittleren Schiene 55 bis 60 Minuten backen. Herausnehmen und auf einem Kuchengitter etwa 15 Minuten abkühlen lassen. Dann aus der Form lösen, auf das Kuchengitter stürzen und vollständig abkühlen lassen. Zum Servieren den Kuchen dünn mit Puderzucker bestäuben und in Scheiben schneiden. Falls etwas übrig bleibt, die Scheiben einfach einfrieren.

GESUNDHEITSTIPP

Die Zucchini enthält kaum Kalorien, aber gesunde Ballaststoffe und macht den Kuchen besonders saftig. Keine Angst, kleine Gemüsemuffel schmecken sie garantiert nicht raus! Rapsöl bringt gesunde Fette in den Teig, das Vollkornmehl sorgt für eine Extraportion Ballaststoffe. Das alles macht den Kuchen zu einer etwas gesünderen Leckerei als übliches Gebäck.

VEGETARISCH · LAKTOSEFREI · KINDERLEICHT · MEAL PREP

SCHNELLE COOKIES
mit Schoko und Banane

FÜR 20 STÜCK | ZUBEREITUNG: 20 Min. | BACKEN: 25 Min.

2 reife Bananen
100 g feine oder kernige Haferflocken
40 g Weizenvollkornmehl
Salz
1 EL ungesüßtes Mandelmus
50 g vegane Zartbitterschokolade

PRO STÜCK ca. 50 kcal, 1 g EW, 2 g F, 8 g KH, 1 g BST

1 Den Backofen auf 180 °C (160 °C Umluft) vorheizen. Ein Backblech mit Backpapier belegen. Die Bananen schälen und in einer Rührschüssel mit einer Gabel zerdrücken. Die Haferflocken, Mehl, 1 Prise Salz und das Mandelmus dazugeben und alles gründlich mischen. Die Schokolade grob hacken und locker unterheben.

2 Aus der Masse mit zwei Esslöffeln oder dem Eisportionierer 20 kleine Kleckse nebeneinander auf das Blech setzen und etwas flach drücken. Die Cookies im Ofen auf der mittleren Schiene 20 bis 25 Minuten backen. Herausnehmen und auf einem Kuchengitter abkühlen lassen. In einer Blechdose bleiben die Cookies mindestens 1 Woche frisch.

VARIANTEN

Für fruchtige Beeren-Cookies statt Schokolade am Ende 50 g Him- oder Blaubeeren (frisch oder tiefgekühlt) unter die Masse heben, tiefgekühlte Beeren nicht auftauen. Für eine nussige Variante 30 g gehackte Nusskerne nach Wahl oder Mandeln dazugeben. Supercrunchy und schokoladig werden die Cookies mit 2 TL ungesüßtem Kakaopulver und 2 EL Kakao-Nibs im Teig. Saftig-süß kommen sie mit Rosinen oder anderen gehackten Trockenfrüchten wie Datteln daher. Und wer keine Banane mag oder hat, bereitet das Rezept stattdessen einfach mit 225 g ungesüßtem Apfelmark zu.

VEGAN | LAKTOSEFREI | KINDERLEICHT | MEAL PREP

GESUNDHEITSTIPP

Anders als herkömmliche Kekse halten diese Cookies den Blutzuckerspiegel einigermaßen stabil. Denn dank Vollkornmehl und Haferflocken sind sie sehr ballaststoffreich und mit Banane natürlich gesüßt. So sättigen sie auch länger.

Stracciatella-NICECREAM

FÜR 4 PERSONEN

ZUBEREITUNG: 10 Min. | TIEFKÜHLEN: 4 Std.

3 reife Bananen (ca. 275 g Fruchtfleisch)
50 g Zartbitterschokolade
3 EL Magerquark

PRO PORTION

ca. 135 kcal, 3 g EW, 4 g F, 21 g KH, 3 g BST

1 Die Bananen schälen und in kleine Stücke schneiden. Dann in einem Gefrierbeutel verteilen, gleichmäßig flach drücken und mindestens 4 Stunden einfrieren.

2 Inzwischen die Schokolade klein hacken. Die gefrorenen Bananen mit dem Quark in einen leistungsstarken Mixer geben und cremig pürieren. Die gehackte Schokolade mit einem Spatel unterheben.

3 Das Eis sofort servieren oder in einer Vorratsdose noch etwa 20 Minuten einfrieren, dabei wird es fester und lässt sich später zu Kugeln formen. Nach Belieben mit Bananenscheiben und Schokoraspeln garnieren.

VARIANTE

Immer wieder neu: Statt Schokolade können Sie auch gehackte Erdnüsse, Mandeln oder andere Nüsse, Kakao-Nibs oder gehackte gefriergetrocknete Beeren unter die Quarkmasse heben.

SO WIRD'S VEGAN

Ersetzen Sie den Quark einfach durch die gleiche Menge ungesüßtes Erdnuss-, Cashew- oder Mandelmus. Und dann auch bei der Schokolade auf ein veganes Produkt achten.

VEGETARISCH · GLUTENFREI · KINDERLEICHT

Veganes
BEERENEIS

FÜR 4 PERSONEN
ZUBEREITUNG: 10 Min.

20 g Rohrohrzucker
125 g Seidentofu
35 g Cashewmus
2 TL Zitronensaft
1 Prise Salz
350 g tiefgekühlte gemischte Beeren

PRO PORTION
ca. 120 kcal, 4 g EW, 5 g F, 12 g KH, 6 g BST

1 Den Rohrohrzucker im Blitzhacker zu feinem Puderzucker zermahlen. Den Seidentofu in einem Sieb gut abtropfen lassen.

2 Dann alle Zutaten in einen leistungsstarken Mixer geben und cremig pürieren. Das Softeis auf Dessertschalen verteilen und sofort servieren. Wer das Eis aufbewahren möchte, friert es am besten in einer Vorratsdose ein und nimmt es etwa 30 Minuten vor dem Servieren aus dem Tiefkühlfach.

GESUNDHEITSTIPP
Tofu und Cashewmus bringen Eiweiß in das Eis. Das stabilisiert den Blutzuckerspiegel und sorgt für längere Sättigung.

VARIANTE
Probieren Sie das Softeis auch mal mit der gleichen Menge gefrorener Mangowürfel oder Kirschen anstelle der Beerenmischung.

VEGAN · GLUTENFREI · LAKTOSEFREI

GRANOLA-RIEGEL
mit Hanfsamen und Datteln

FÜR 16 STÜCK | ZUBEREITUNG: 20 Min. | TIEFKÜHLEN: 30 Min.

150 g feine glutenfreie Haferflocken
75 g Haselnussblättchen
30 g geschälte Hanfsamen
25 g Kokosraspel
125 g ungesüßtes Mandel-, Cashew- oder Erdnussmus
30 ml Rapsöl
50 ml Ahornsirup
250 g saftige Datteln (z.B. Medjol; ohne Stein)
1 TL Vanilleextrakt
Salz

PRO STÜCK ca. 255 kcal, 4 g EW, 12 g F, 30 g KH, 3 g BST

1 Eine Auflaufform (ca. 25 x 15 cm) mit Backpapier auslegen. Alle trockenen Zutaten in einer großen Pfanne bei mittlerer Hitze unter Wenden etwa 5 Minuten rösten, bis die Mischung duftet. Sofort in eine Rührschüssel füllen und abkühlen lassen.

2 Das Mandelmus in einem Topf mit Öl und Ahornsirup unter Rühren so lange erwärmen, bis sich alles gut verbunden hat. Vom Herd nehmen. Die Datteln klein hacken.

3 Die Mandelmus-Mischung mit Datteln, Vanilleextrakt und 1 Prise Salz zur Flockenmischung geben und alles mit den Händen gründlich mischen, dabei die Datteln möglichst gut zerdrücken. Die Masse in die vorbereitete Form füllen und gut festdrücken. Mit Frischhaltefolie abgedeckt im Tiefkühlfach etwa 30 Minuten einfrieren.

4 Anschließend die Granolaplatte aus der Form heben und nach Belieben mit 50 g zerlassener Zartbitterkuvertüre in feinen Linien garnieren. Kurz fest werden lassen, dann in 16 Riegel (à ca. 4 x 6 cm) schneiden. In einer Vorratsdose kühl aufbewahren. So halten sich die Riegel mindestens 2 Wochen. Zum Mitnehmen einzeln in Pergamentpapier wickeln und dieses mit buntem Washi-Tape fixieren.

TIPP

Damit die Riegel gut zusammenhalten, sollten die Datteln unbedingt saftig und weich sein. Falls sie zu trocken sind, können Sie sie vor der Verwendung klein hacken und in heißem Wasser noch etwa 10 Minuten einweichen.

VEGAN · GLUTENFREI · LAKTOSEFREI · KINDERLEICHT · MEAL PREP

APFELTRAUM
mit Walnüssen

FÜR 4 PERSONEN
ZUBEREITUNG: 15 Min.

500 g Magerquark
2 Päckchen Vanillezucker
125 g Sahne
1 Glas ungesüßtes Apfelmus (360 g)
50 g Walnusskerne
25 g kernige glutenfreie Haferflocken
½ TL Zimtpulver

PRO PORTION
ca. 318 kcal, 20 g EW, 18 g F, 19 g KH, 2,5 g BST

1 Den Quark mit dem Vanillezucker glatt rühren. Die Sahne mit den Quirlen des Handrührgeräts steif schlagen und unter den Quark heben. Die Hälfte der Creme in eine Schüssel geben oder auf vier Dessertgläser verteilen. Die Hälfte des Apfelmuses daraufsetzen, dann die übrige Creme einschichten und das restliche Apfelmus daraufgeben.

2 Die Walnüsse grob hacken und mit den Haferflocken in einer Pfanne ohne Fett leicht rösten, bis sie duften. Zimt untermischen, den Nuss-Flocken-Mix sofort aus der Pfanne nehmen und abkühlen lassen. Zum Servieren über den Apfeltraum streuen.

GESUNDHEITSTIPP
Bei Apfelmus auf die Angabe „100% Frucht“ achten, dann ist kein Zucker zugesetzt (ebenso bei „Apfelmark“). Die Varianten mit Mango, Birne oder Banane enthalten mehr Fruchtzucker.

VEGETARISCH · GLUTENFREI · KINDERLEICHT

Stracciatella-
BEERENQUARK

FÜR 4 PERSONEN
ZUBEREITUNG: 20 Min.

250 g Erdbeeren
2 TL Vanillezucker
1 EL Zitronensaft
40 g Zartbitterschokolade
500 g Quark (20% Fett i.Tr.)

PRO PORTION
ca. 95 kcal, 3 g EW, 4 g F, 11 g KH, 2 g BST

1 Die Erdbeeren waschen, putzen und je nach Größe halbieren oder vierteln. Die Hälfte der Beeren in einem hohen Rührbecher mit dem Stabmixer fein pürieren. Übrige Beeren beiseitestellen.

2 Das Beerenpüree mit Vanillezucker und Zitronensaft in einem kleinen Topf aufkochen und unter Rühren 4 bis 5 Minuten einkochen, sodass nur 2 bis 3 EL übrig sind. Vom Herd nehmen und abkühlen lassen.

3 Zum Servieren die Schokolade klein ha cken. Den Quark mit dem Beerenpüree glatt rühren. Die beiseitegestellten Erdbeeren und die Schokospäne dazugeben und locker unterheben. Den Quark auf Dessertgläser verteilen und sofort servieren. Er lässt sich abgedeckt auch bis zu 3 Tage kühl stellen.

VARIANTE
Für Mangoquark statt Beeren 250 g Mangofruchtfleisch verwenden. Für Bananenquark stattdessen 1 reife Banane mit 1 TL Vanillezucker und Zitronensaft mixen und nicht einkochen.

VEGETARISCH GLUTENFREI SCHNELL

Extras, die Spaß machen

SÜSSE SNACKS

Hier greifen Kinder gerne zu: Das gesunde Fingerfood eignet sich als kleines Dessert nach den Hauptmahlzeiten, zum Mitnehmen für unterwegs oder als Nachmittagssnack. So kann Süßes wertvolle Nährstoffe liefern.

VEGAN · GLUTENFREI · LAKTOSEFREI · SCHNELL

MANGO-POMMES MIT „KETCHUP"

ZUBEREITUNG: 15 Min.

Für 4 Personen: 150 g tiefgekühlte Himbeeren auftauen lassen und mit 2 TL Zitronensaft und 1 TL Vanillezucker in einem hohen Rührbecher mit dem Stabmixer pürieren. In einem kleinen Topf aufkochen und etwa 2 Minuten köcheln lassen. Umfüllen und abkühlen lassen. 2 reife, nicht zu weiche Mangos schälen, das Fruchtfleisch erst vom Stein und dann in pommesartige Stifte schneiden. Mit „Beeren-Ketchup" zum Dippen servieren. Das „Ketchup" hält sich einige Tage im Kühlschrank und schmeckt auch zu Pancakes, Waffeln oder in Joghurt oder Quark.

PRO PORTION

ca. 90 kcal, 1 g EW, 1 g F, 19 g KH, 5 g BST

VEGAN · GLUTENFREI · SCHNELL · KINDERLEICHT

APFEL-DONUTS

ZUBEREITUNG: 15 Min.

Für 4 Personen: 2 Äpfel waschen und das Kerngehäuse am besten mit einem Apfelausstecher im Ganzen ausstechen. Die Äpfel quer in dünne Scheiben schneiden, auf einer Platte nebeneinander verteilen und die Oberseiten mit 50 g ungesüßtem Erdnussmus bestreichen. Dann nach Wunsch toppen und mit Rosinen, gehackten Pistazienkernen, Mandeln oder Nusskernen, Kokosraspeln, gehackter veganer Zartbitterschokolade oder Ähnlichem garnieren. Zum Mitnehmen nur die Hälfte der Apfelringe mit Erdnussmus bestreichen und garnieren. Diese mit je einem unbestrichenen Ring wie ein Sandwich zusammensetzen. So lassen sie sich besser in einer Lunchbox transportieren.

PRO PORTION

ca. 180 kcal, 5 g EW, 11 g F, 16 g KH, 4 g BST

VEGAN · KINDERLEICHT · SCHNELL

BANANEN-SUSHI

ZUBEREITUNG: 10 Min.

Für 4 Personen: 2 vegane Vollkorn-Tortillafladen nacheinander in einer Pfanne ohne Fett je etwa 1 Minute erwärmen, dabei einmal wenden. Die Fladen mit je 1 leicht gehäuften EL Schoko-Nuss-Creme (siehe Seite 172) bestreichen. 2 große Bananen schälen und auf die Fladen verteilen. Jeden Fladen mit etwas Zimtpulver bestäuben und kompakt aufrollen. Die Rollen quer in etwa 3 cm breite Stücke schneiden und wie Sushi auf Teller anrichten.

PRO PORTION

ca. 265 kcal, 6 g EW, 9 g F, 38 g KH, 4 g BST

Herzhafte KÜRBISMUFFINS

FÜR 1 12ER-MUFFINFORM | ZUBEREITUNG: 35 Min. | BACKEN: 25 Min.

12 Papier-Muffinförmchen
1/4 Hokkaidokürbis (ca. 250 g)
150 g Dinkelvollkornmehl
50 g Kichererbsenmehl

1 TL Backpulver
Salz | Pfeffer aus der Mühle
1 TL edelsüßes Paprikapulver
1 TL getr. Oregano

2 Eier (Größe M)
200 ml Mineralwasser (mit Kohlensäure)
75 ml Rapsöl

PRO STÜCK ca. 125 kcal, 4 g EW, 7 g F, 11 g KH, 2 g BST

1 Den Backofen auf 175 °C (150 °C Umluft) vorheizen. Die Papierförmchen in die Mulden der Form legen. Den Kürbis putzen, waschen und die Kerne mit einem Löffel entfernen. Kürbis auf der Gemüsereibe grob raspeln.

2 Beide Mehlsorten, Backpulver, 1 TL Salz, Pfeffer, Paprikapulver und Oregano mischen. Die Eier mit Mineralwasser und Öl in einer Rührschüssel gründlich verquirlen. Den Mehl-Mix nur kurz unterrühren, sodass die Zutaten gerade eben verbunden sind. Nicht zu lange rühren! Die Kürbisraspel zügig unterheben.

3 Den Teig gleichmäßig auf die Mulden verteilen und im Ofen auf der mittleren Schiene 20 bis 25 Minuten backen. Muffins herausnehmen und auf einem Kuchengitter kurz abkühlen lassen, dann aus den Mulden lösen und vollständig abkühlen lassen.

4 Die Muffins schmecken solo, aber auch mit Kräuterquark (siehe Seite 121) oder Feta-Dip (siehe Seite 162) sowie einem Salat oder Knabbergemüse als schnelles Essen zum Mitnehmen oder zum Abendbrot. Sie lassen sich für den Vorrat auch prima einfrieren.

GESUNDHEITSTIPP

Ballaststoffe aus Kürbis, Kichererbsen- und Vollkornmehl, gesundes Fett aus Rapsöl und ein guter Mix aus tierischen und pflanzlichen Proteinen: Diese Muffins überzeugen als vollwertiger Snack, der lange satt macht und wichtige Nährstoffe liefert. Super zum Mitnehmen in die Schule, auf den Spielplatz, zum Picknick oder als Brot-Alternative zum Abendessen.

VEGETARISCH | LAKTOSEFREI | KINDERLEICHT | MEAL PREP

Für zwischendurch und für den Vorrat

EINFACH CLEVER: SNACKS & EXTRAS

Auf die Frage „Gibt's noch was zu essen?" gibt es jetzt viele leckere Antworten. Denn mit diesen süßen und herzhaften Rezeptideen ist man bestens vorbereitet, wenn der kleine Hunger kommt. Vieles davon lässt sich auch prima mit zum Familienausflug nehmen oder in die Pausenbox packen. Dazu kommen noch ein paar clevere Extras wie ein selbst gemachtes Ketchup oder Dattelkaramell zum Süßen.

KNABBERGEMÜSE mit Feta-Dip

FÜR 4 PERSONEN | ZUBEREITUNG: 10 Min.

½ Bund Basilikum
150 g Feta (Schafskäse)
100 g Magerquark
1 TL Zitronensaft
Salz | Pfeffer aus der Mühle
400 g Gemüse nach Wahl (z.B. bunte Möhren, Salatgurke, bunte Paprikaschoten)

PRO PORTION ca. 140 kcal, 11 g EW, 8 g F, 7 g KH, 4 g BST

1 Das Basilikum waschen, trocken tupfen, die Blätter abzupfen und fein hacken. Feta grob zerkleinern und mit Quark, Zitronensaft, etwas Salz und Pfeffer in einen hohen Rührbecher geben. Alles mit dem Stabmixer cremig pürieren, das Basilikum unterrühren und den Dip mit Salz und Pfeffer abschmecken.

2 Gemüse putzen, je nach Sorte waschen oder schälen und in mundgerechte Stücke oder Sticks schneiden. Das Knabbergemüse mit dem Feta-Dip zum Eintunken servieren. Mit viel Eiweiß und Ballaststoffen ist Rohkost mit Dip ein gesunder Sattmacher für zwischendurch. Sie lässt sich prima in der Lunchbox als Snack mitnehmen, schmeckt aber auch zum Abendbrot. Für ein fixes Hauptgericht die doppelte Menge Feta-Dip zubereiten und zusätzlich pro Person noch 250 g Pellkartoffeln servieren.

SO WIRD'S VEGAN

Für einen veganen Dip statt Feta und Magerquark 200 g Seidentofu mit 1 Knoblauchzehe, 2 TL Olivenöl und 5 TL Limettensaft fein pürieren und mit Salz und Pfeffer abschmecken. Der Tofu-Dip passt auch toll zu Ofenkartoffeln und -gemüse oder zu pikantem Gebäck wie Kürbismuffins (siehe Seite 158).

VEGETARISCH · GLUTENFREI · KINDERLEICHT · SCHNELL

Würzige KICHERERBSEN

FÜR 4 PERSONEN

ZUBEREITUNG: 10 Min. | BACKEN: 35 Min.

1 Dose Kichererbsen (265 g Abtropfgewicht)
1 TL geräuchertes Paprikapulver (ersatzweise edelsüßes Paprikapulver oder Currypulver)
Salz | Pfeffer aus der Mühle
2 EL Olivenöl

PRO PORTION

ca. 65 kcal, 1 g EW, 5 g F, 3 g KH, 2 g BST

1 Den Backofen auf 225 °C (200 °C Umluft) vorheizen. Ein Backblech mit Backpapier belegen. Kichererbsen in einem Sieb abbrausen, gut abtropfen lassen und trocken tupfen. Das Paprikapulver in einer Schüssel mit ¾ TL Salz, etwas Pfeffer und Öl mischen. Die Kichererbsen gründlich unterziehen.

2 Die Kichererbsen so auf dem Blech verteilen, dass sie möglichst nicht übereinanderliegen. Im Ofen auf der mittleren Schiene 30 bis 35 Minuten rösten, dabei nach etwa 20 Minuten einmal durchrühren. Herausnehmen und auf einem Kuchengitter abkühlen lassen. Die Kichererbsen halten sich luftdicht verschlossen etwa 1 Woche.

GESUNDHEITSTIPP

Mehr Eiweiß, mehr Ballaststoffe, weniger Fett, keine Aromen und Zusatzstoffe, aber genauso würzig: Dieser Super-Snack ist eine tolle Alternative zu salzig-fettigen Knabbernüssen oder Chips.

VEGAN | GLUTENFREI | LAKTOSEFREI

GEMÜSE-CHIPS

mit Sesam

FÜR 4 PERSONEN
ZUBEREITUNG: 15–40 Min.

500 g Gemüse nach Wahl
(z. B. Möhren, Rote Beten, Pastinaken, Knollensellerie, Süßkartoffeln, Zucchini oder Grünkohl)
2–3 EL Olivenöl
1 TL edelsüßes Paprikapulver
Salz | Pfeffer aus der Mühle
3 TL helle Sesamsamen

PRO PORTION
ca. 105 kcal, 3 g EW, 9 g F, 5 g KH, 5 g BST

1 Den Backofen auf 180 °C (160 °C Umluft) vorheizen. Ein Backblech mit Backpapier belegen. Das Gemüse putzen und je nach Sorte waschen oder schälen. Dann gründlich trocken tupfen und mit dem Sparschäler oder auf der Gemüsereibe in möglichst dünne Scheiben schneiden oder hobeln. Grünkohlblätter von den harten Blattrippen streifen und etwas kleiner zupfen.

2 Das Öl mit Paprikapulver, etwas Salz und Pfeffer in einer Schüssel verrühren und das Gemüse untermischen. Auf dem Blech verteilen und im Ofen auf der mittleren Schiene auf Sicht knusprig backen (siehe Tipp), dabei einmal wenden und etwa 10 Minuten vor Ende der Backzeit mit Sesam bestreuen. Währenddessen die Ofentür mehrmals öffnen, damit Feuchtigkeit entweichen kann. Chips herausnehmen und abkühlen lassen.

VEGAN GLUTENFREI LAKTOSEFREI

TIPP
Die Backzeit variiert: Festes Wurzel- und Knollengemüse braucht etwa 40 Minuten, Zucchini brauchen etwa 25 Minuten und Grünkohl etwa 15 Minuten. Daher das Gemüse getrennt backen.

KNUSPER-CRACKER
mit Saaten-Mix

FÜR 18 STÜCK | ZUBEREITUNG: 15 Min. | BACKEN: 45 Min.

5 EL Kürbiskerne
3 EL geschrotete Leinsamen
8 EL helle Sesamsamen
5 EL kernige Haferflocken
75 g Weizenvollkornmehl
100 g Buchweizenmehl
1 TL Backpulver
1½ TL Salz
3 EL Rapsöl
3–4 EL gemischte Kerne und Samen zum Bestreuen (z.B. Kürbiskerne, Leinsamen oder helle Sesamsamen)

PRO STÜCK ca. 110 kcal, 4 g EW, 7 g F, 8 g KH, 2 g BST

1 Den Backofen auf 175 °C (155 °C Umluft) vorheizen. Ein Backblech mit Backpapier belegen. Alle trockenen Zutaten – bis auf die Kerne zum Bestreuen – in einer Rührschüssel mischen. Das Öl und 125 ml Wasser dazugeben und alles mit den Knethaken des Handrührgeräts zu einem kompakten Teig verrühren. Falls der Teig zu fest ist, noch etwas Wasser dazugeben.

2 Den Teig auf das Blech geben, mit einem zweiten Blatt Backpapier belegen und mit dem Nudelholz gleichmäßig flach auf Blechgröße ausrollen. Das obere Backpapier wieder entfernen. Die Teigplatte erst quer in 3 etwa 12 cm breite Streifen, dann längs in 6 etwa 6 cm breite Streifen schneiden, sodass 18 Rechtecke (à ca. 6 x 12 cm) entstehen. Die Kerne auf den Teig streuen und leicht andrücken. Die Crackerplatte im Ofen auf der mittleren Schiene etwa 45 Minuten backen.

3 Die Crackerplatte herausnehmen und kurz abkühlen lassen, dann vorsichtig in 18 Stücke brechen. Vollständig abkühlen lassen und in einer Blechdose verpacken.

GESUNDHEITSTIPP

Mit so vielen verschiedenen Kernen, Saaten, Vollkorngetreide und Buchweizen sind diese Cracker echte Nährstoff-Kraftpakete. Weil sie reich an Ballaststoffen und gesunden Fetten sind, sättigen sie gut und lange und halten den Blutzuckerspiegel stabil. Die ideale Alternative zu den beliebten, aber nährstoffarmen Reiswaffeln, die zu viele leere Kalorien liefern und schnell wieder hungrig machen.

VEGAN | LAKTOSEFREI | MEAL PREP

TIPP

Mit Hummus (siehe Seite 170) und Knabbergemüse wird aus den Crackern ein vollwertiger, sättigender Snack – perfekt für die Lunchbox, als Snack nach dem Sport oder zum Mitnehmen bei kleinen und großen Familienabenteuern.

CASHEWSAHNE
selbst gemacht

FÜR ca. 400 ml

ZUBEREITUNG: 5 Min. | EINWEICHEN: 4 Std. (über Nacht)

100 g Cashewkerne (oder Mandeln)
Salz

PRO 50 ml

ca. 75 kcal, 2 g EW, 5 g F, 4 g KH, 0 g BST

1 Die Cashewkerne in einer Schüssel mit 375 ml Wasser übergießen und abgedeckt etwa 4 Stunden, am besten über Nacht, einweichen.

2 Anschließend die Cashewkerne samt Einweichwasser in einen leistungsstarken Mixer geben. Mit 1 Prise Salz würzen und sehr fein pürieren. Die Cashewsahne in ein sauberes Schraubglas oder eine Glasflasche füllen.
Je nach Verwendungszweck können Sie die „Sahne" mit etwas mehr oder weniger Wasser flüssiger oder dickflüssiger machen. Cashewsahne hält sich im Kühlschrank 4 bis 5 Tage.

TIPP

Cashewsahne eignet sich als vegane Alternative zu Kochsahne und verfeinert Gemüseragouts oder -pfannen, Aufläufe und Currys. Auch zu süßen Speisen passt sie gut.

GESUNDHEITSTIPP

Pflanzliche Sahne-Alternativen punkten gegenüber Sahne aus Kuhmilch mit gesünderen Fettsäuren. Fertige Sahne-Alternativen zum Kochen (z.B. auf der Basis von Soja oder Hafer) enthalten allerdings oft viele Zusatzstoffe wie Verdickungsmittel und Aromen. Selbermachen lohnt sich deshalb – und gelingt aus nur zwei Zutaten kinderleicht.

VEGAN · GLUTENFREI · LAKTOSEFREI

Home made

HAFERDRINK

FÜR ca. ½ l

ZUBEREITUNG: 5 Min. | QUELLEN: 20 Min.

50 g feine glutenfreie Haferflocken
Salz

PRO 50 ml

ca. 20 kcal, 1 g EW, 0 g F, 3 g KH, 0 g BST

1 Die Haferflocken in einer Schüssel mit Wasser bedecken und etwa 20 Minuten quellen lassen. Anschließend die Flocken in ein Sieb abgießen, kalt abbrausen und in einen leistungsstarken Mixer geben.

2 Dann ½ l Wasser, 1 Prise Salz und nach Belieben 1 TL Ahornsirup dazugeben und alles so lange fein mixen, bis eine glatte Flüssigkeit entstanden ist. Für einen etwas cremigeren Drink die Wassermenge verringern.

3 Den Haferdrink durch ein feines Sieb gießen und in saubere Glasflaschen oder Schraubgläser füllen. Er lässt sich zum Beispiel für Porridge, Müsli, Süßspeisen, Saucen oder auch im Kaffee verwenden. Der Haferdrink schmeckt pur oder leicht gesüßt. Vor der Verwendung am besten kurz durchschütteln, damit sich alles wieder gut mischt.

TIPP

Der Haferdrink lässt sich wie Milch verwenden. Gekühlt bleibt er etwa 3 Tage frisch. Mit nur ¼ l Wasser entsteht aus dem Mix Hafersahne, die sich wie Cashewsahne verwenden lässt.

VEGAN · GLUTENFREI · LAKTOSEFREI

HUMMUS
mit Varianten

FÜR ca. 350 g
ZUBEREITUNG: 10 Min.

2 Dosen Kichererbsen (à 265 g Abtropfgewicht)
100 g Tahin (Sesampaste)
2 EL Zitronensaft | 1 TL Salz
1 Msp. gemahlener Kreuzkümmel
2 Knoblauchzehen

PRO EL (ca. 15 g)
ca. 30 kcal, 1 g EW, 2 g F, 2 g KH, 1 g BST

1 Die Kichererbsen in einem Sieb abbrausen und abtropfen lassen. In den Standmixer geben und Tahin, Zitronensaft, Salz und Kreuzkümmel hinzufügen. Den Knoblauch schälen, halbieren und in den Mixer geben.

2 Alle Zutaten cremig pürieren, dabei nach und nach 50 ml kaltes Wasser untermixen. Mit Salz und eventuell noch etwas Zitronensaft abschmecken. Das Hummus ist abgedeckt im Kühlschrank etwa 1 Woche haltbar.

GESUNDHEITSTIPP

Hummus wird aus Kichererbsen und der Sesampaste Tahin gemacht. Dadurch enthält es viel pflanzliches Eiweiß, gesunde Fette und dazu noch eine gute Portion Ballaststoffe.

VARIANTEN

Für Rote-Bete-Hummus zusätzlich noch 1 gegarte Rote Bete (vakuumverpackt) und statt Wasser 50 ml Orangensaft untermixen. Für Paprika-Hummus zusätzlich 190 g Grillpaprikaschoten (aus dem Glas) mit 1 TL geräuchertem Paprikapulver untermixen. Für grünes Kräuter-Hummus zusätzlich die Blätter von 1 Bund Koriandergrün, ½ Bund Petersilie und 2 Stielen Minze untermixen.

VEGAN · GLUTENFREI · LAKTOSEFREI

LINSENCREME
mit Paprika

FÜR ca. 300g
ZUBEREITUNG: 20 Min.

80 g rote Linsen
50 g Walnusskerne
½ rote Paprikaschote
1 EL geschälte Hanfsamen
1 EL Olivenöl
1 EL Tomatenmark
1 TL geräuchertes Paprikapulver
(ersatzweise edelsüßes Paprikapulver)
Salz | Pfeffer aus der Mühle

PRO EL (ca. 15g)
ca. 35 kcal, 2g EW, 2g F, 2g KH, 1g BST

1 Linsen und Nüsse in einem Topf mit Wasser bedeckt aufkochen. Dann mit geschlossenem Deckel bei schwacher Hitze 10 bis 12 Minuten köcheln lassen. Alles in ein Sieb abgießen und abtropfen lassen, dabei etwas Kochwasser auffangen. Inzwischen Paprika putzen, waschen und grob würfeln.

2 Linsen-Nuss-Mix, Paprika, Hanfsamen, Öl, Tomatenmark, Paprikapulver und etwas Salz und Pfeffer im Mixer cremig pürieren. Falls nötig, noch 1 bis 2 EL Kochwasser untermixen, sodass eine streichfähige Creme entsteht. Mit Salz und Pfeffer abschmecken, in ein sauberes Schraubglas füllen. Im Kühlschrank hält sich die Creme etwa 5 Tage.

VEGAN · GLUTENFREI · LAKTOSEFREI

GESUNDHEITSTIPP
Der Mix aus Linsen, Paprika, Nüssen, Hanfsamen und Olivenöl bringt Ballaststoffe, gesunde Fette und Bioaktivstoffe aufs Brot. Kombiniert mit Vollkornbrot wird daraus ein echtes Power-Essen.

SCHOKO-NUSS-CREME mit Vanille

FÜR 2 GLÄSER (à ca. 225 ml Inhalt)
ZUBEREITUNG: 15 Min.

200 g vegane Zartbitterschokolade
20 g natives Kokosöl
200 g ungesüßtes Nussmus
(z.B. Mandel-, Cashew-, Haselnussmus oder eine Mischung aus allem)
1 TL Vanilleextrakt

PRO EL (ca. 15 g)
ca. 90 kcal, 2 g EW, 7 g F, 5 g KH, 1 g BST

1 Die Schokolade in Stücke brechen und mit dem Kokosöl in eine Metallschüssel geben. In einem kleinen Topf eine Handbreit Wasser erhitzen. Die Metallschüssel auf das heiße Wasserbad setzen und Schokolade und Kokosöl über dem heißen Wasserbad unter Rühren schmelzen lassen.

2 Die Schüssel vom Wasserbad nehmen, Nussmus und Vanilleextrakt dazugeben und alles mit dem Stabmixer gründlich mischen. Die Creme in saubere Gläser füllen und abkühlen lassen. Anschließend bei Zimmertemperatur aufbewahren.

VARIANTE
Für Crunchy-Creme 50 g geröstete, gehackte Mandeln oder Nüsse nach Wahl am Ende unterrühren. Für eine winterliche Variante statt Vanille Zimtpulver oder Lebkuchengewürz nehmen.

VEGAN · GLUTENFREI · LAKTOSEFREI

Schnelle CHIA-KONFITÜRE

FÜR 1 GLAS (ca. ¼ l Inhalt)
ZUBEREITUNG: 15 Min.

300 g tiefgekühlte Beeren nach Wahl
50 ml Ahornsirup
1 TL Vanilleextrakt
2 EL Chiasamen

PRO EL (ca. 15 g)
ca. 20 kcal, 1 g EW, 0 g F, 3 g KH, 2 g BST

1 Die tiefgekühlten Beeren mit dem Ahornsirup und dem Vanilleextrakt in einem Topf aufkochen und bei mittlerer Hitze etwa 5 Minuten köcheln lassen.

2 Inzwischen die Chiasamen im Blitzhacker fein zermahlen. Das Chiamehl zur Beerenmischung geben und alles bei schwacher Hitze unter Rühren noch etwa 5 Minuten köcheln lassen, bis die Masse andickt.

3 Die Konfitüre in ein sauberes Glas füllen und vollständig abkühlen lassen. Im Kühlschrank hält sie sich etwa 1 Woche, im Tiefkühlfach etwa 3 Monate.

VEGAN · GLUTENFREI · LAKTOSEFREI

TIPP

Die Konfitüre schmeckt auf dem Frühstücksbrot und passt zu Pancakes, Waffeln, in Joghurt, Quark und mehr. Die Konfitüre gelingt auch mit anderem Obst wie Kirschen oder Mango.

APFEL-KETCHUP

für den Vorrat

FÜR 1 FLASCHE (ca. ½ l Inhalt)
ZUBEREITUNG: 25 Min.

1 Zwiebel | 1 Apfel
1 TL Rapsöl | 3 TL Ahornsirup
1 Dose Tomaten (400 g)
2 EL Apfelessig
½ TL gemahlener Kreuzkümmel
1 Lorbeerblatt
Salz | Pfeffer aus der Mühle

PRO EL (ca. 15 g)
ca. 10 kcal, 0 g EW, 0 g F, 1,5 g KH, 0 g BST

1 Die Zwiebel schälen und fein würfeln. Den Apfel waschen und auf der Gemüsereibe bis auf das Kerngehäuse fein raspeln. Die Zwiebel in einem Topf im Öl andünsten, die Apfelraspel dazugeben und kurz mitdünsten.

2 Den Ahornsirup hinzufügen, die Tomaten samt Flüssigkeit dazugießen und mit einem Kochlöffel grob zerstoßen. Essig, Kreuzkümmel, Lorbeer und 2 bis 3 EL Wasser dazugeben. Alles aufkochen und offen bei mittlerer Hitze etwa 10 Minuten köcheln lassen.

3 Den Apfel-Tomaten-Mix vom Herd nehmen und im Topf mit dem Stabmixer fein pürieren. Das Ketchup noch 3 bis 4 Minuten dicklich einkochen lassen, salzen und pfeffern. Sofort noch heiß in eine saubere Flasche füllen und verschließen.

GESUNDHEITSTIPP

Während herkömmliches Ketchup zu fast einem Viertel aus Zucker besteht, wird hier nur sanft mit Apfel und Ahornsirup gesüßt. Mit der Zeit werden alle die fruchtige Variante lieben!

DATTEL-KARAMELL

zum Süßen

FÜR 1 GLAS (ca. 200 ml Inhalt)
ZUBEREITUNG: 15 Min.

6 saftige Datteln (z. B. Medjol)
2–3 Tropfen Vanilleextrakt
(ersatzweise 1 Msp. Vanillemark)

PRO EL (ca. 15 g)
ca. 25 kcal, 0 g EW, 0 g F, 6 g KH, 1 g BST

1 Die Datteln entsteinen und klein hacken. In einem kleinen Topf mit 200 ml Wasser einmal aufkochen, dann offen noch etwa 5 Minuten köcheln lassen, bis das Wasser fast vollständig eingekocht ist.

2 Die Masse in einen hohen Rührbecher füllen, den Vanilleextrakt dazugeben und alles mit dem Stabmixer fein pürieren. Den Dattelkaramell in ein sauberes Schraubglas füllen, sofort verwenden oder abkühlen lassen.

3 Im Kühlschrank hält sich der Dattelkaramell etwa 1 Woche. Er eignet sich als natürlich süßes Topping für Porridge, Pancakes, Waffeln und Ähnliches. Sie können ihn auch zum Süßen von Joghurt oder Quark, zum Abschmecken von Salatdressings oder anderen herzhaften Gerichten verwenden.

VEGAN · GLUTENFREI · LAKTOSEFREI

GESUNDHEITSTIPP

Dattelkaramell liefert im Gegensatz zu Zucker oder anderen Süßungsmitteln auch Ballast- und Mineralstoffe. Trotzdem sollten Sie ihn bitte nur in Maßen verwenden!

Sachregister

Rezeptregister

DAS TEAM

Inga Pfannebecker

hat ihre Leidenschaft für gutes Essen zum Beruf gemacht: Die Diplom-Oecotrophologin schreibt als freie Food-Journalistin über alles, was mit Ernährung, Essen und Trinken zu tun hat. Als Kochbuch-Autorin entwickelt sie am liebsten alltagstaugliche Rezepte, in denen sich gesunde Ernährung und Genuss aufs Beste ergänzen. Dabei verfolgt sie sowohl neue wissenschaftliche Entwicklungen wie auch aktuelle Food-Trends. Sie lebt mit Mann und Tochter in Amsterdam, wo alle Gerichte aus ihrer Versuchsküche gemeinsam am Esstisch getestet werden.

Dana Höft

ist Diätassistentin und arbeitet in der Kieler Praxis von Dr. Silja Schäfer. Ihr Schwerpunkt und ihre Leidenschaft ist die gesunde Familienküche. Wichtig ist ihr dabei: Die Tipps und Rezepte müssen gut im Alltag umsetzbar sein und die individuellen Bedürfnisse und Ansprüche aller Familienmitglieder berücksichtigen. Aus langjähriger Erfahrung weiß sie, welche Herausforderung für manche Familien das Thema Ernährung ist und wie wichtig gemeinsame Mahlzeiten sind.

Coco Lang

arbeitet in ihrem Studio in der Nähe des Münchner Viktualienmarkts in den Bereichen Food und Still-Life. Mit Leidenschaft und Interesse für neue Trends im Bereich der Ernährung und der Welt der Fotografie ist es ihr ein Anliegen, für jedes Kochbuch eine eigene passende Bildwelt zu gestalten. Bei der Fotoproduktion für dieses Buch wurde sie von den Foodstylisten Sven Dittmann und Michael Menzel unterstützt.

Hilfreiche Adressen

Hier finden Sie Ansprechpartner für eine qualifizierte Ernährungsberatung, die Ihre ganze Familie in den Fokus nimmt. Auch die Praxis von Dr. Silja Schäfer ist Mitglied beim BDEM e.V.

aid-Infodienst Ernährung, Landwirtschaft, Verbraucherschutz e. V. i. L. (aid)
www.aid.de

Berufsverband Oecotrophologie e.V. (VDOe)
www.vdoe.de

Bundesverband Deutscher Ernährungsmediziner e.V. (BDEM)
www.bdem.de

Verband der Diätassistenten – Deutscher Bundesverband e.V. (VDD)
www.vdd.de

Verbraucherzentrale Bundesverband e.V.
www.verbraucherzentrale.de

ZUR AUTORIN

Dr. med. Silja Schäfer ist Ärztin für Allgemeinmedizin und Ernährungsmedizin und führt eine Schwerpunktpraxis für Diabetes und Ernährung in Kiel. Als ehemalige Leistungssportlerin und Trainerin interessierte sie sich schon früh für gesunde Ernährung. Jetzt als Hausärztin liegt es ihr am Herzen, eine gesunde und gesund erhaltende Ernährungsweise für alle zu ermöglichen. Seit Januar 2020 ergänzt sie das Team der beliebten Ernährungs-Docs im NDR.

Weitere Bücher der Autoren bei ZS:

- → Abnehmen trotz 1000 Ausreden
- → Zuckerfrei gesünder leben (Die Ernährungs-Docs)
- → Gesund und schlank durch Intervallfasten (Die Ernährungs-Docs)

BILDNACHWEIS

Shutterstock: S. 9, 11, 15, 17, 26, 29, 41

IMPRESSUM

Hinter jedem tollen Buch steckt ein starkes Team

Projektleitung: *Kathrin Ullerich*
Texte und Rezepte: *Inga Pfannebecker*
Redaktionelle Mitarbeit: *Dana Höft*
Lektorat: *Kathrin Gritschneder*
Gestaltung: *Julia Hollweck*
Satz: *Christopher Hammond, Julia Hollweck*
Rezeptfotografie: *Coco Lang;*
Foodstyling: *Sven Dittmann, Michael Menzel*
Porträtfotos: *Claudia Timmann;*
andere Fotos siehe Bildnachweis
Illustrationen: *Shutterstock*
Herstellung: *Frank Jansen*
Producing: *Jan Russok*
Druck & Bindung: *optimal media GmbH, Röbel*

1. Auflage 2021

Kaiserstraße 14 b
D-80801 München
ISBN: 978-3-96584-160-4

HINWEIS

Die Ratschläge in diesem Buch wurden mit größter Sorgfalt von Autorin und Verlag erarbeitet und geprüft. Eine Garantie kann jedoch nicht übernommen werden. Ebenso ist eine Haftung der Autorin bzw. des Verlags und seiner Beauftragten für Personen-, Sach- oder Vermögensschäden ausgeschlossen. Erkrankungen mit ernstem Hintergrund gehören in ärztliche Behandlung! Bei bereits bestehenden Beschwerden kann das Buch daher keinen fachärztlichen Rat ersetzen.

LIEBE LESER*INNEN

wie schön, dass Sie ein Buch von ZS in den Händen halten. „jetzt leben!“ ist das Motto unseres Verlages. Es steht für Genuss und Inspiration, Unterstützung und Motivation. Ob Kulinarik oder Fitness, Gesundheit oder Lebenshilfe – seit über 30 Jahren bieten wir kompetente Ratgeber für (fast) alle Lebenslagen. Wir lieben Tradition genauso wie Innovation – sie treiben uns an. Unsere Autor*innen sind Menschen, die zu ihrem Thema wirklich etwas zu sagen und zu schreiben haben. Unsere Produkte sind erzählerisch, appetitmachend und als gedruckte Bücher haptisch echte Erlebnisse. Für Sie mit ganz viel Liebe gemacht! Entdecken Sie mehr aus unserer wunderbaren Welt!

UNSER VERLAGSHAUS

Mit Standorten in München, Hamburg und Berlin zählt die Edel Verlagsgruppe zu den größten unabhängigen Buchanbietern Deutschlands. Zur Edel Verlagsgruppe gehört unter anderem ZS mit seinen Lizenzmarken Dr. Oetker Verlag, Kochen & Genießen und Phaidon by ZS.

ZS – Ein Verlag der Edel Verlagsgruppe
www.zsverlag.de
www.facebook.com/zsverlag
www.instagram.com/zsverlag

FÜR DIE UMWELT

ZS unterstützt bei der Produktion dieses Buches das Projekt „Junge Riesen für die nächsten 100 Jahre“ im Naturpark Nossentiner/Schwinzer Heide. Damit wird ein Anteil der unvermeidbaren CO_2-Emissionen im direkten Umfeld des Produktionsstandortes kompensiert.

PARTNER
Naturpark Nossentiner/Schwinzer Heide
www.optimal-media.com/naturschutzprojekt-001

NEWSLETTER

Ab sofort keine kulinarischen Trends mehr verpassen und gleichzeitig einen Kochkurs mit einem Spitzenkoch von ZS gewinnen?

Melden Sie sich jetzt beim ZS Newsletter an und bleiben über neue Bücher, Themenschwerpunkte und News immer informiert.

ANMELDEN!

Jetzt anmelden unter:
www.zsverlag.de/newsletter

GEWINNEN

Unter allen Neuabonnierenden verlosen wir jeden Monat *10 neue Bücher* und jährlich einen *Kochkurs* mit einem Spitzenkoch von ZS.